ideaink 05

外食2.0

君島佐和子

朝日出版社

第2章 「おいしさ」は更新される

ところで、蕎麦はおいしいのか？／和菓子より洋菓子が「おいしい」と思う理由／迎えに行ってキャッチする味／学習が必要なおいしさ、必要ないおいしさ／意識して習得する外来の味覚／食は言語と同じようなもの／アメリカを経由した最大公約数的なおいしさ／精神安定剤としてのおいしさ、芸術表現としてのおいしさ／おいしさの学習がマニアを生む／味わうにも技術がいる／「素朴系女子」という作るマニアの誕生／パーソナルな共感を開拓した素朴系女子の店／肉の焼き方に見る、芸術表現的おいしさの更新／65℃が切り拓く新しいおいしさ／知っている食材の知らなかった局面／記憶に働きかける新世代／おいしさの目盛りを更新し続ける

第3章　外食は「おいしさ」の先を目指す

日本の日常に浸透するイタリアン／レストラン以外の専門技術を学ぶシェフの増加／イタリアで専門技術を学んで惣菜屋を開く／ヒエラルキーのない世界への志向／専門店化するイタリアン／狭い間口で一点突破する小さな専門店／社会との効果的な接点を見つける／レストランは非日常から日常へシフトする／レストランにはおいしさを超えた存在価値が必要／東京のシェフは「料理を前進」できるか／感覚を前進させる鑑賞の場／ジャンルを超えて「個人料理」化する若手たち／食べる行為を通じて、自然環境保護を訴える／自然と共生する日本の食文化への眼差し／食は「おいしい」の次のステージへ向かう

第4章　日本人が拓く外食の可能性

はじめに

料理雑誌の編集者になって17年、『料理通信』の編集長としては6年半になります。料理人、パティシエ、パン職人、ソムリエ、食材生産者ら、食の最前線で活躍するシェフたちを取材し続けてきました。

「Eating with Creativity」をキャッチフレーズに掲げる『料理通信』はいわゆるグルメガイドではありません。シェフたちの仕事の考え方や創意工夫に光を当て、知恵と技術を伝えるメディアです。厨房《ちゅうぼう》や畑にも入り、日々の営みをつぶさに見せていただきながら、記事を作成しています。

という話をすると、「毎日おいしいものが食べられて、いいですね」と言われます。でも、ちょっぴり返答に困るというのが正直なところ。

自分の好き嫌い、体調、食欲に関係なく食べなければならないのがこの仕事です。フレンチ特集であればフレンチを食べ続け、パン特集ならパンを食べ続ける。出張に行けば、食べられるだけ食べて帰る……。けっこう大変なんですよ。

食べるという行為は人間の生理と深く結びついているだけに、「好き嫌い、体調、食欲に関係なく食べられるというのは、ある種の特殊技能だな」と思ったりもします。

デスクでの仕事が増えた最近は、むしろ粗食《そしょく》なくらいです。朝は、トマトジュースか牛乳。昼は、1／2が外食、1／2が近所のおばちゃん製500円弁当。夜は、1／3が外食、1／3が中食《なかしょく》、1／3が内食《うちしょく》。

以前は、日本人が一生のあいだに食べる量のフォワグラを1年で食べていた時期もありました。が、そもそもフォワグラを出すような店の取材が減っています。というのも、『料理通信』創刊から6年半のあいだに、ずいぶん取材店の顔ぶれが変わったのですね。端的に言えば、レストランが減り、バルやカフェが増えた——。また、世界的に見れば、フォワグラより野草がトレンドです。

その背景にあるものを考察しながら、「味わう技術」をより深く探究したのが本書です。店と客、両方の視点から探っています。その先には、おぼろげながら外食の行方と楽しみ方がほの見えるはずです。

第１章
レストランがメディアになる

リーマンショックが生んだバル・ブーム

今の日本の外食の状況で目立つのは、「バル」が増えていることです。バルとは、スペイン版立ち飲み屋をルーツとする、カウンター主体の小体《こてい》な飲み屋。「バル（bar）」は「バー（bar）」のスペイン語読みです。

２０１１年はバル・ムーブメントが活発化した時期でした。『料理通信』でバル的な店を最初に取り上げたのは、「『小さくて強い店』は、どう作る？」という特集（２００９年3月号）だったと思います。その号では「バル」という打ち出し方こそしていませんが、バル・ブームの火付け役の一軒、東京・富ヶ谷の「アヒルストア」を、開業資金から総工費の内訳や店の構造まで徹底分解して見せています。

編集作業に取りかかったのが２００８年12月の暮れ。２００８年といえば、秋にリーマンショックがあった年です。企画趣旨を『料理通信』の表紙アートディレクターに伝える際、私はこう言いました。

「これからしばらくのあいだ、リストラされる人が大量に溢《あふ》れてくるだろう。リストラされて早期退職する人たちは、退職金として2000〜3000万円程度はもらうに違いない。彼らは、リストラされたことで、会社が必ずしも信用できる場所ではないと感じている。なかには自分で小さなお店をやってみようと思う人が出てくるはずだ。そんな人たちが買ってくれる特集にしよう」と。それが最初の趣旨、コンセプトでした。

　表紙の写真を撮るにあたって、『料理通信』としてはめずらしく料理にフォーカスを当てていません（この号以降、料理ではなく店を撮る表紙が増えていきます）。「店が小さい」ことの表現を最優先に考えた

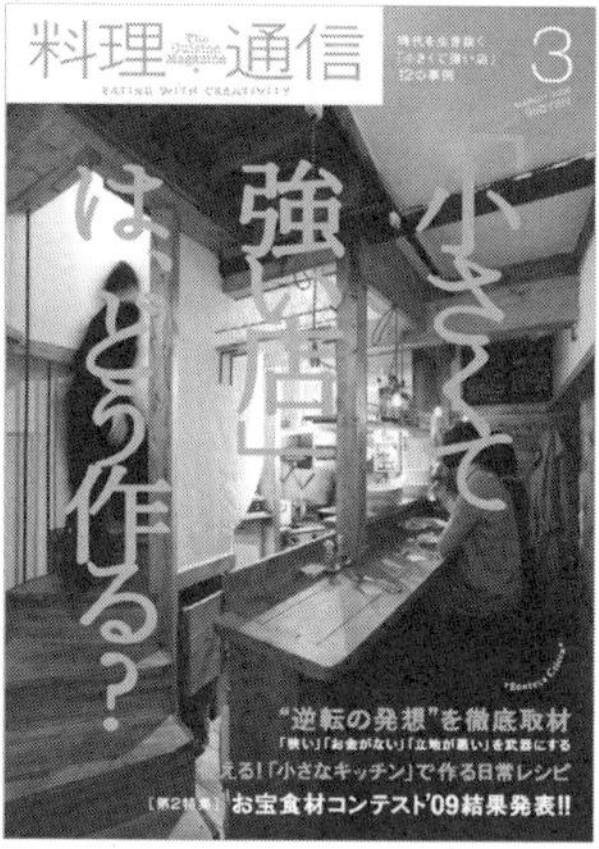

『料理通信』2009年3月号、特集「『小さくて強い店』は、どう作る？」

からです。このテーマであれば、通常は『料理通信』を置かないビジネス書や一般誌のコーナーにも置いてもらって、料理書コーナーと2カ所で展開ができるだろう。料理が写っていようが写っていまいが、あまり関係はないという読みもありました。

「『小さくて強い店』は、どう作る？」特集は非常に反響がありました。そこで、ほとぼりが冷めないうちにと、その第2弾となる「vol.2」を同年11月号で敢行。この号では「アヒルストア」と並ぶ人気店「uguisu」をクローズアップ。以降、2010年10月号、2011年3月号、2012年8月号と、同特集は「vol.5」まで重ねています。とにかく売れます。

で、この「『小さくて強い店』は、どう作る？」の取材を続けるなかで顕著になってきたスタイルが、「バル」だったというわけです。

バルは客にも店主にも「私の店」と思わせる

「バル」とはどんなものなのか？『小さくて強い店』は、どう作る？」の取材対

象となったバルの平均的なスペックとは、

・広さ10坪／坪単価2万円／開業資金1000万円
・カウンター＋α
・ワイン（自然派率高し）＋本格つまみ
にくわえ、さらに
・料理はノンジャンル
・転職組が多い
・内装を自作する
・私服で調理・接客
・自家製パンが売りの店も

といった傾向がありました。何より、従来のスペインバルのように、カウンターの上に生ハムを置いたり、カスエラ（赤土のミニ土鍋）を使ったりしないんです。業態としてはバルだけれど、明らかにスペインバルではない。それは、日本のカフェが成熟とともにフレンチカフェやイタリアンカフェのようなスタイルを捨てて、店主のセンスを披露《ひろう》するプライベートな空間と化していったのに似ていました。バルという業態を自分のものとして使いこなし、いつの間にやら、すっかりジャパナイズしていたのです。

そこの部分をすくい上げるように「週3回通いたい『東京バル』」という特集を組んだのが、2011年3月号。この特集の反響がまた大きく、同年11月号で「もしや、ビストロを超える!?『バル』レシピ集」を打ち出しています。

実際、これらの特集に登場した店は連日満席状態です。「週3回通いたい『東京バル』」というタイトルは、その号の表紙に撮影した東京・三鷹台の「三鷹バル」店主・一瀬智久さんの証言を基にしています。「週2～3日訪れるお客さんはザラ。多い人は週5回来る」と言うのです。そりゃ、そうでしょう。初期投資が小さいし、スタッフも少ない（人件費がかさまない）分、ワインも料理も低価格（グラスワインは500～800円、料理は600～900円が中心価格帯、ボリュームたっぷりのメイン料理で1000円超え）なのです。値段が手頃で、店主の趣味を反映した小洒落《こじゃれ》た内装で、店によっては自家製パンがテイクアウトできたりしたら、行きたくなりますよね。とりわけ女子は。

もう10年以上も前から「レストラン客は女性比率が圧倒的」と言われてきましたが

（2012年、ミシュラン三ツ星の「カンテサンス」をランチで訪れたら、その日、男性はたった一人でした）、バルも女子率が高いことには驚かされます。女子の一人客も少なくありません。「三鷹バル」での表紙撮影時もひっきりなしに常連の女性客が来店。扉を開けるときの彼女たちの顔は明らかに「私の店」と思っていることが分かる表情なんです。店と客との結びつきの強さにこれまた驚かされたのでした。

考えてみれば、バルは狭い。カウンターの奥行きも狭い。店と客との距離が狭い。その狭さが、店と客との関係を深く強く結びつけるのでしょう。こうして、時代は〝開きたい店がバルならば、行きたい店もバル〟というバル・ブームに突入していったのです。

バルは街のちゃぶ台

巷《ちまた》で密《ひそ》かに広まるバル・ブームを見て、飲食業界の多くの人が「バルはいける」と思ったのでしょう。昨年（2011年）来、お店のオープン案内には、「フレンチバル」

「ワインバル」「イタリアンバル」といったように、店名に「○○バル」と銘打たれるケースが一気に増えています。料理ジャンルの多様化のみならず、「モツバル」「魚バル」といった、アイテムに特色を持たせた事例もあれば、古民家を改造した「古民家バル」や、はたまた「ダイニングバル」といった規模の大きいタイプも登場。猫も杓《しゃく》子《し》もバルを名乗り、もはや「バルって何?」状態に。「ダイニングバル」になってくると多少の疑問も禁じ得ません。そもそも、資金1000万円で開業するこだわりの小さな店がバルだったはず。極めてパーソナルな空間の面白さがバルの魅力だったはず。店と客との物理的・心理的な距離の狭さがバルの特徴だったはず、ではないのか……。

バルがブーム化し始めた頃、なぜバルが流行《はや》るのかを考察するなかで、バルに集う人々の生態の表現として使われたのが「バルは街の集会所」という言葉でした。駅からの帰り道、「どうせ家で一人ごはんを食べるなら、バルで食べていこうかな」がバル常連化への道筋です。女性の一人客が多いのはそのため。そうして週に何回も訪れるうちに客同士が顔見知りになって、「バル・コミュニティ」が生まれていく。人気バルになればなるほど、飲食店という位置づけを超えた存在になっていったのです。店と人、人と人とが「バルでつながっている」という状況がイメージできるほどでした。人気カフェチェーン「カフェ・カンパニー」の楠本修二郎さんが提唱する「カフェは街の縁側《えんがわ》」という言い方になぞらえると、さしずめ「バルは街のちゃぶ台」ってところでしょうか。

ムーブメントが大きくなるにつれ、飲食店チェーンなどが「バルは使える」とばかりに事業展開の一部にバルというスタイルを採用するようになりました。企業系のバルにコミュニティが生まれるかどうかは疑問です。けれど、価格が手頃で、女性一人でも入りやすくて、食事ＯＫ、飲みだけでもＯＫと、客にとって使い勝手がよいスタイルであることには変わりません。当面、バルは増え続けるのではないでしょうか。

坪単価からレストランの思想が見える

ところで、私が店づくりの取材を始めたのは、もう10年以上前のこと。東京・西麻布の人気フランス料理店「ル・ブルギニオン」の菊地美升《よしなる》さんが店をオープンしたばかりのときでした。「青山と西麻布に物件を探したけれど、青山だと坪単価が3万円。西麻布だと2万円。で、西麻布にした」という話を聞いて、「面白い！」と思ったのです。

それまで、シェフたちがなぜその場所に店を開いたのか、深く考えたことがありませんでした。「銀座だから」「フランス料理のイメージにふさわしいから」「地元だから」「アクセスがいいから」、そんな理由だと思っていました。菊地さんの坪単価の話を聞いて、もっと現実的な理由があったことを知らされ、俄然《がぜん》、興味が湧《わ》いてきたのです。レストラン分布と坪単価との関係、人気店と坪単価との関係、店の成立要因としての坪単価をもっと把握するために「東京23区坪単価マップ」を作らねば……。そうしたら、店がそこに存在する別の側面が見えてくるのではないか？

菊地さんはなぜ、坪単価の安い物件を選んだのか？　それは単に節約のためではありません。むしろ、お客さんへの還元のためです。家賃というのは、はっきり言って、何もせずとも勝手に出ていくお金、いわゆる固定費です。固定費が小さければ小さいほど、店の維持に余裕が出ます。レストランにおいては、その余裕によって、料理やワインの価格が抑えられるばかりでなく、より良い食材を使う、より良い人材、より多くのスタッフを雇うといった原価のみにとどまらない技術やサービスの向上にもつながります。店の評判が上がれば、客の入りが安定し、高いワインのコルクも抜かれるようになり、借金が早く返せるというわけです。

菊地さんの「坪単価2万円の西麻布」という選択は見事成功しました。オープンから12年経った今でも、「ル・ブルギニオン」は連日ほぼ満席。菊地さんが「一席でも空いていると不安になる」くらい、席が埋まった状態しか知らないという超人気店であり続けているのです。「料理がおいしい(しかも、開店以来、値上げしていない)」「良いワインがリーズナブルな価格で揃《そろ》っている」からに他なりませんが、それを成し遂げているのは菊地さんの料理の技術やワインコネクション(造り手やインポーターとの人脈)と同時に、見えないところで坪単価が支えているという側面もあるのですね。

小さな店でリスクを軽量化

ちなみに、菊地さんの開業資金は4000万円、うち3000万円が借金。借金にあたっては、事業計画書を提出して申請するわけですが、申請と同時進行で工事に入るため、「お金が下りなかったら、どうしようかとひやひやだった。下りると連絡が入ったときには、ほっとした」と言います。しかし、その「ほっ」とは同時に次の「ひやひや」の始まりでもあります。だって、お金が下りたら下りたで返し続けなければならないから。「返せなかったら、どうしよう」の「ひやひや」です。

そう考えると、同じ飲食店を開くにも、レストランではなくバルを開くということは、「ひやひや」を小さくするということでもあります。開業資金が少なくて済む分、借金の額を小さくすることができて、1000万円程度の貯金のある人なら、借金をしないで済むのです。つまり、バル化の背景には、「いかにリスクを小さく抑えるか」というリスク回避の志向も見えるわけです。

この「リスクを小さくする」という考え方は、最近顕著な傾向のように思えます。

私たち編集者が、より多くの読者がお手本にできる現実的な事例を探すあまり、スケールの小さい（でも、ユニークな）ネタばかり拾ってしまうからかもしれないのですが。

たとえば、屋台のお菓子屋さん。「ベージュ アラン・デュカス 東京」でパティシエを務めるほどの経験を持ちながら、開店資金を抑えるために屋台という業態を選んだ「NOAKE」（その後、渋谷ヒカリエに出店）。また、最近、私たちのスタッフが見つけてきたネタは、トレーラーハウスを利用した東京・代々木のパニーニ屋さん、「パニーノニーノ」。彼ら・彼女らは、既成のレストランやパティスリーの形に自分のヴィジョンをあてはめるハード発想ではなく、自分のやりたいことは最小限何があれば実現するのか、というソフト発想からスタートしています。

バルによって飲食店の面積の〝縮小化〟が図《はか》られたのだとしたら、屋台のパティスリーやトレーラーハウスのパニーニ屋さんは、固定（資産）化しない分、さらなる〝軽量化〟を図ったということでしょうか。もちろん、ハードと同時にリスクも軽量化されるわけです。

このままではレストランはなくなる!?

バル特集の下見をしているとき、私の頭には一瞬、「もしや、このまま行くと、レストランはなくなるんじゃないか」との思いがよぎりました。バルで事足りてしまって、レストランは必要とされなくなるのではないか、と。

それを一番強く感じたのが、東京・高田馬場にある「vivo daily stand」に行ったときのことです。「フランス産鴨《かも》のコンフィ」「キャロット・ラペ」「ムール貝の白ワイン蒸し」「エゾ鹿のパテ」「エスカルゴのブルゴーニュ風」「黒トリュフのオムレツ」「牛ホホ肉の赤ワイン煮」……黒板に書かれたメニューを見て、ビストロ（フランス料理店の一スタイルで、レストランよりカジュアル。パテ・ド・カンパーニュや鴨のコンフィといった定番料理を提供）となんら変わりのない料理がたった4坪で提供されていることに驚《きょう》愕《がく》しました。食べてみれば、ビストロに引けをとらないクオリティ。これだけの料理がひと皿300〜1300円で食べられるのです。グラスワインは400円から。

店が狭いことさえ気にならなければ、ビストロに行く必要を感じない内容です。私は思いました。「この狭さが何か障害になるだろうか」。たとえ、一緒に店に行くのがビジネスの相手だとしても、肩と肩を寄せ合うこの環境はむしろ親密さを演出してくれて、かえってプラスに働くという考え方もあるのではないか。接待だとしても、こういう店へ連れて行くことを面白がる相手もいるだろう。とすれば、バルでこれだけの料理を出されてしまうと、もうレストランはいらない、そう考える人は出てくるだろう。『料理通信』２０１１年11月号の特集「もしや、ビストロを超える!?『バル』レシピ集」というタイトルには、そんな背景がありました。

裏話をすれば、このタイトル、当初は「もはや、ビストロを超えた!!『バル』レシピ集」だったのですが、そのタイトルで進めていた校了前日の夜中、ふと不安が襲ってきたのです。制約の大きいバルの厨房《ちゅうぼう》から繰り出される料理に対しての「もはや、ビストロを超えた!!」というレトリックであるものの、そうは受け止めない人もいるのではないか？　ビストロ否定と捉えられてしまうのではないか？……というわけで、急遽、ほんの少し言葉をいじったのでした。

しかし、この時期、「今、世の中がレストランをどのくらい必要としているのか、分からない」といった心境に私が陥《おちい》っていたことは事実です。

『料理通信』の表紙を手がけるアートディレクターは食の世界にまったく疎《うと》いタイプで、打ち合わせの度に苦労します。毎回、ゼロから説明しなければならない。ただ、それが彼の役割でもあります。

なぜって、知らない人が見ても内容が分かるデザインになっていなければいけないのが雑誌の表紙だから。彼自身が分かる表現にすることで、誰にでも分かる表紙になる。彼がリトマス試験紙なんです。専門誌の編集をしていると、あまりにもこの世界にどっぷり浸《つ》かりすぎていて、一般の人々にとって当たり前な感覚が欠落しているところがあります。そこを彼が埋めてくれる。私たちの「当たり前」が一般には通用しないことを、彼が教えてくれるわけです。

だから、ロケハンに行った折には、彼が「いいね！」と言う店がおそらく一般の人が行きたい店なのだと考えるようにしています。食通でも何でもなく、アートディレクターという仕事柄、良い意味でミーハーな彼の心を動かす店は、きっと多くの人の心を摑《つか》むのだろうな、と。その彼が「いいね！」と言うのは、バルやカフェ、ピッツェリアといったお店が多く、いわゆるレストランではありません。白いクロスがかかったお店に連れて行っても、彼はこれっぽっちも喜ばないでしょうね。そういうところは堅苦しいだけで、自分が行くべき店ではないと考えるでしょう。

予約をしなければならない、服装を気遣《きづか》わなければならない、マナーを知らなければならない、メニューやワインリストが理解できる程度の知識があったほうがいい、価格が高い……挙げてみただけで、レストランに付いてまわる要件は、食の世界に疎い彼にとってはことごとく障害と言えそうです。その点、バルには障害がない。予約がいらない、普段着でOK、常識さえあれば特別なマナーはいらない、知識もいらない、つまり、バリアフリーなんです。人がバルへと流れる心理は、この世界に浸かりすぎている私でも痛いほどよく分かるのです。

「よそゆき」欲求を満たすレストラン

バルが活性化する一方で、以前から存じ上げている料理人さんが店を閉めるという話が耳に入ってくるようになりました。東京・乃木坂《のぎざか》にあったイタリアンの「テラウチ」（別の場所で再開）や荒木町のフレンチ「スクレ・サレ」などがそうです。中堅どころでキャリアもある、という方がほとんどです。特集「もしや、ビストロを超える!?『バル』レシピ集」の巻頭で取材した銀座のフレンチバル「ルフージュ」シェフ、齋藤富治夫《ふじお》さんも、自分で営んでいたフランス料理店を閉めて、現職に就《つ》いたという経緯があります。

とにかく今はレストランの経営が大変だという話はよく耳にします。とりわけ震災以降、フェイスブック上などで、レストランに行くことを〝救済する〟という言葉で表現することもありました。あるミシュラン二ツ星を獲得したシェフによれば、この5年間ずっと売上が少しずつ下がり続けているというのです。「星」もあり、お客さんの入りにも困っていない。それでも右肩下がりだと言います。

レストランの数自体は、閉めるのと開くのとが同時に起こっており、必ずしも減っているわけではないでしょう。実際、「レストランはなくなるかも!?」という私の心配を吹き飛ばすかのように、この2012年の春には銀座にガストロノミー・レストランが3店オープンし、いずれもメディアをにぎわせています。ちなみに、「ガストロノミー」とは、ひと言で言えば「美食」。芸術性や、場合によっては科学的観点も加味しながら、より高い次元において調理や調味の洗練を目指す美食追求型の料理領域と言えばよいでしょうか。

フランス料理の名店「シェ・イノ」の支配人を務めてきた高橋淳一さんによる「レカイヨ」、オーストリア国家公認料理マイスターの資格を持つ神田真吾さんによる「銀座ハプスブルク」、「キュイジーヌ[s]ミッシェル・トロワグロ」のエグゼクティブシェフを務めたリオネル・ベカさんが料理を、「タテル ヨシノ」の支配人だった若林英司さんがサービスを仕切る「エスキス」と、いずれ劣らぬキャリアを持つ人材による新店が図らずも同時期にオープン。「銀座ガストロノミー戦争」を繰り広げているのです。

「レカイヨ」は44席、「銀座ハプスブルク」は46席、「エスキス」は45席で、いずれも個室あり。どの店も坪数にして50坪前後、バルの約5倍の広さを誇ります。バルにおける客と店の距離感が〝二畳台目《にじょうだいめ》の茶室の茶事〟とすれば、グランメゾン（料理・内装・サービスの全要素が充実した高級レストラン）における客と店との関係は〝大寄《おおよ》せの茶会〟。

華《はな》もあれば、技もある。訪れる側としては、憧《あこが》れもあって、装う快感もある。古い言葉ですが、「よそゆき」の喜びです。バルの拡大に意識をとられすぎていただけに、「よそゆき」の喜びが銀座でうごめいていることに、正直、安堵《あんど》を覚えたのでした。

東京・白金台にある「レストラン カンテサンス」のように人気がありすぎて予約が取れないというレストランも存在します。青山にある「フロリレージュ」も常時2カ月先まで予約で席がほぼ埋まってしまうと聞きます。同じく予約が取れないことで有名なのが、松濤《しょうとう》の「レストラン・バカール」や池尻の「レストラン・オギノ」。こちらは、お客さんが食事の帰り際に次の予約をしていくそうです。つながりにくい電話にかけるよりも、店で予約をしてしまうわけです。そして、最近、予約が取れないレストランとして話題なのが、2012年2月にオープンした青山の「ラス」。

「バカール」「オギノ」「ラス」はいずれも夜のコースが5000円前後。正統派のフランス料理を、店の気分としては堅苦しくなく、親しみやすいサービスで提供しているあたりが共通項でしょうか。〝料理はレストラン、価格はビストロ〟といったあたりに、今のニーズがあるように思います。

「カンテサンス」「フロリレージュ」「バカール」「オギノ」「ラス」を、仮に「予約の取れない東京のレストラン・ベスト5」としましょう。これらの人気ぶりを見る限り、人はレストランへ行く選択をした以上は、レストランらしい料理、シェフの個性やクリエイティビティの発揮されている料理を求めるのだということが分かります。特に後者3軒は、ビストロ価格でビストロ料理じゃないところに高いパフォーマンスがあるのですから。

その昔、「外食」といえば「ハレ」のイメージでした。前述の「よそゆき」であり、「おでかけ」ですね。今、「外食」はその多くが「ケ」の領域に存在しています。たとえば、前者がレストラン、後者がバル。じゃ、バルがレストランとは言わないまでもビストロ並みのソフトを持つに至ったからといって、「ハレ」の気分、「よそゆき」や「おでかけ」の欲求まで満たしてくれるかといえば、そこまでは無理でしょう。とすれば、レストランやビストロが必要とされなくなるという心配はひとまず置いておいてよいのかもしれません。

「おまかせ一本」とオープンな空間が最新のスタイル

オープン直後から瞬《またた》く間に予約の取れないレストランになった「ラス」は、レストラン界の昨今の潮流が反映されている店と言えます。まず、「おまかせ一本」という選ぶ余地のないメニュー。この5年のあいだに東京では「おまかせ一本」のレストランが増えました。前述の店で言えば、「カンテサンス」が昼8925円・夜18900円（2012年12月～）、「フロリレージュ」は昼4200円・夜10500円。つまり、昼夜とも1コースしか用意せず、予約を入れた時点で、金額も料理内容も決まってしまうというものです。それは、シェフの側が「選べることの価値」ではなく「委ねて得られる幸せ」を提供する、という考え方へ変わっているから。

「おまかせ一本」のスタイルを採るシェフたちは口を揃えます。オーダーが入るかどうか分からない食材をストックするロスをなくし、そのとき最良の食材のみを使い、口へ運ぶ状態や順番をベストのタイミングで提供できるのが「おまかせ一本」だと。つまり、「おまかせ一本」が最もコストパフォーマンスを上げられて、お客さんが一番メリットを享受できるスタイルなのだというわけです。

「おまかせ一本」を採用するレストランでも、昼には昼のおまかせ、夜には夜のおまかせを用意するケースがほとんどでした。ところが、「ラス」は昼夜共通の「完全おまかせ一本」にした。これによって、食材の仕入れも仕込みもいっそう効率を上げられるというわけです。この「完全おまかせ一本」は2週間で内容が切り替わります。客が料理を選ぶ余地は一切なし、ただし、価値ある5250円。

この新たな価値の認識は、実際のところ、瞬く間に広まっています。同業者と「ラス」の話題になると、必ず出る言葉は「あの料理であの値段は安いよね」。ディナー5000円というコースはこれまで他店でいくらでも体験してきているはず。最近よくある価格帯とも言える。なのに、なぜか「ラスは安い」という認識になるのは、それだけ料理の中身が濃いということなのでしょう。

そして、「ラス」が代表する今流レストランの二つ目の特徴が、空間です。「ラス」を初めて訪れた人は必ずやそのオープンなレイアウトに驚くに違いありません。まるで家庭のダイニングキッチンのような、客席と調理場のあいだに境目のない一体化した空間は、店というより家に招かれた感覚。事実、オーナーシェフの兼子大輔さんは絶えず客席とキッチンとを行き来します。その根底には「お客さんの反応をダイレクトに聞ける」「スタッフが変わっても僕がお客さんとつながっていれば、サービスのクオリティは大きく変わらない」という意図があるから。

レストランといえば、概して、厨房と客席が仕切られた空間に存在していました（これはバルとのハード面の大きな違いです）。「オープンキッチン」という呼び名があるということは、つまり、キッチンはオープンじゃないのが常識だったわけです。「表」と「裏」という言葉は、その常識が生み出したと言えるでしょう。飲食業界ではいまだにフロア（客席）を「表」と呼びます。「表の人間が足りない」と言えば、サービスマンが足りないという意味です。シェフがランチやディナーの最後にキッチンという「裏」から挨拶に出てくるのは、ショーの最後に舞台裏から演出家やデザイナーが登場するのと一緒です。

そういうなかで「ラス」は表も裏もない空間を作り出したのです。シェフ自身が、サービスマンを介さずに、自らの統率のもと空間を支配し、自らの言葉で料理を伝え、自らの目と耳で客の反応をキャッチするレストランです。それを成立させるために、兼子さんは、北欧で注目を集めた、あるスタイルを採り入れました。テーブルに引き出しを設置してカトラリーを収納し、客自ら引き出しを開けてカトラリーを取り出して使うというスタイルです。

北欧は今、料理界が最も注目するエリア。調理法も、プレゼンテーションも、サービスも、内装も、世界中のレストランが北欧の影響を受けるようになっています。それは、単に目新しいからではない、と私は見ています。北欧のシェフたちが繰り出す料理や店の新しいスタイルには、21世紀という時代に身を置く私たちがどう生きるべきかが詰まっている。だから、世界中の人たちが追随《ついずい》することになるのだと思うのです。料理のコンセプト、食材の選び方、店のスタイル、サービスのあり方、そこにはレストランとしてどうあるべきかという問い以上に、社会の一員としてどう生きるべきかという視点がある。5250円で最高のクオリティを提供するために効率を徹底追求したとき、兼子さんが北欧に眼差しを向けたというのは理解できる気がします。

北欧が世界の料理人に影響を与える

ここで、なぜ北欧が世界的な注目を集めるに至ったのかについて、少しお話ししたいと思います。いまや「世界のガストロノミーの最前線」という呼び方をされる北欧ですが、5年前まで誰もそんなことを思わなかったのではないでしょうか。北欧なんておよそ美食のイメージからはほど遠く、「ニシンとジャガイモしか思い浮かばない」と言われたものです。そのイメージを変えたのが、デンマークのコペンハーゲンにある「ノーマ」というレストランであり、レネ・レゼピという料理人です。正しくは彼および彼を取り巻く人々と言ったほうがよいでしょう。

ことの発端は、クラウス・マイヤーという人物にあります。「北欧の食文化の改革」を人生の目標に掲げた彼が、料理番組のホスト、料理本の制作、高級デリの経営、大学教授と活動を大きく繰り広げる際のひとつとして立ち上げたのが「ノーマ」であり、そのシェフにして共同経営者となったのがレネ・レゼピでした。

彼らが目指したのは、北欧の食文化を証明するレストラン。高級料理と言えばフランス料理だった固定観念を打ち破り、地元の食材を使った料理がガストロノミー足り得ることを世界に示そうとしたのです。レネは地元の食材の生産者を訪ね、その性質や特徴を把握し、料理に活《い》かしていきました。北欧の海が育む魚介類、北欧の森や野に生息《せいそく》する動植物と丹念に対峙し、従来であれば、およそ高級料理の食材とは考えられなかった素材の数々を皿の上へと引き上げたのです。フランスから輸入したフォワグラやトリュフを使うことがガストロノミーなのではなく、近隣で収穫できるトナカイ肉や自分の足元に生えているハーブを使うことこそガストロノミー——考え方をそう転換させたのでした。〝北欧版地産地消《ちさんちしょう》〟と言えば分かりやすいでしょうか。

食材の価値の転換を、より効果的なヴィジュアルで表現したことが、いっそう世界の注視を集めるに至りました。そこはデザイン先進国ならでは。白いプレーンな皿や、石をイメージさせる自然素材的なテーブルウェアに、あたかも北欧の森や野に草花が生える景色を切り取ったかのように盛り付けて、いわゆるフランス的美食表現とは異なるプレゼンテーションを出現させたのです。

フランスの高級料理は、どこかフランス庭園に似ています。ベルサイユ宮殿の幾何学模様の庭を思い浮かべていただくと分かりやすいと思いますが、自然を使って人間が考える造形を描くのがフランス人です。植木で丸だの三角だの迷路だのを作ったり、配置をシンメトリーにしたりするわけです。水は重力に逆らった噴水にする。対比としてよく挙げられるのが日本の庭です。狭い空間の中に自然の景色を写し取り、水は上から下へ重力に従って流れるようにせせらぎを作るのが日本。盆栽にせよ、坪庭にせよ、枯山水《かれさんすい》にせよ、日本の庭は自然の造形を写し取った姿をしています。苔《こけ》（!）は生えているように、花は咲いているようにプレゼンテーションするレネたちの新北欧料理は、日本人の自然表現にも似た、ものを自然のままに写し取る美しさが新鮮で、世界中の人々を惹《ひ》きつけました。「ノーマ」が注目されるようになって以降、世界中で「ノーマ」のようなプレゼンテーションは流行り、料理人たちは自分の足元の食材に目を向けるようになったのです。

北欧のシェフによる食の新しいマニフェスト

新北欧料理が影響力を持つに至ったのは、前述のとおり「北欧のシェフたちが繰り出す料理や店の新しいスタイルには、21世紀という時代に身を置く私たちがどう生きるべきかが詰まっている」から、と私は見ています。

クラウス・マイヤーとレネ・レゼピらは2004年にマニフェストを発表しました。そこに書かれているのは、次の10項目。

1 北欧という地域を思い起こさせる、純粋さ、新鮮さ、シンプルさ、道徳を表現する
2 食に、季節の移り変わりを反映させる
3 北欧の素晴らしい気候、地形、水が生み出した個性ある食材をベースに料理する
4 おいしさに、健康で幸せに生きるための現代の知識を結び付ける
5 北欧の食材と多様な生産者をプロモートして、その背景にある文化的知識を広める
6 動物の繁栄と、海、農地、大地における健全な生産をプロモートする
7 伝統的な北欧食材の新しい利用価値を発展させる
8 外国の影響をよい形で取り入れ、北欧の料理法と食文化に刺激を与える

9　自給自足されてきたローカル食材を、高品質な地方産品に結び付ける
10　消費者の代表、料理人、農業、漁業、食品工業、小売り、卸売り、研究者、教師、政治家、このプロジェクトの専門家が協同し、北欧の国々に利益とメリットを生みだす

（『別冊専門料理 SPECIALITES スペシャリテ2011』柴田書店、2011年）

彼らは、料理人という存在が社会とどう関わっていくべきかを徹底的に考えたのでしょう。ここに書かれている事柄が通用するのは、北欧に限った話ではありません。上記の「北欧」を自分の生きるそれぞれの国名や地名に置き換えてみることができるはずです。このマニフェストは食に携わる者にとって、世界共通の真理なのです。

兼子さんが取り入れたカトラリーの引き出しの考案者はコペンハーゲンのレストラン「レレ」のシェフですが、その発想のもとは「現代のグルメを担う若い世代は、かしずかれるようなサービスは望んでいない」との考え方にあるそうです。お客さんができることはお客さんにやってもらおう、それが（価格に限らず）リーズナブルなので

あれば、という考え方。慣習よりも理に適《かな》っているかどうかが大切。そんな気運が日本にも少しずつもたらされているのを感じます。

世界の料理の最前線は辺境へ向かう

北欧でマニフェストが発表され、食の改革運動が起こったとしても、いきなり「世界のガストロノミーの最前線」のポジションを得られるわけではありません。世界が注目し、世界中から人が押し寄せ、ここからトレンドが発信されていくからこそ〝最前線〟になる。では、何によってその状況が生まれたかと言えば、「The World's 50 Best Restaurants（ザ・ワールズ・フィフティー・ベスト・レストラン。以下、ワールズ・フィフティー）」に負うところ大、と私は見ています。

ワールズ・フィフティーというのは、イギリスの料理専門誌『レストラン』が毎年発表する世界のレストランのランキング。世界中の食関係者や料理評論家からの投票をもとにランク付けされます。ワールズ・フィフティーで10位以内に入ったレストランは、世界中から相当数の客が訪れて予約が取りにくくなります。その店が今のガストロノミーの方向性を指し示す、という状況になっているのです。

２００２年にスタートして以来、（２０１２年の今年まで）11回発表されてきた中で最も多く1位を獲得したのがスペインの「エル・ブジ」で、計5回を数えます。２０１０年以降は3年連続で「ノーマ」が世界一に輝いています。そもそも、ワールズ・フィフティーで世界一を獲ったレストランは全部でたった4店だけ。「エル・ブジ」と「ノーマ」の他には、「ザ・フレンチ・ランドリー」（アメリカ）、「ザ・ファット・ダック」（イギリス）という顔ぶれですが、なぜか、いずれもがそれまでガストロノミー後進国と見なされていた国なのです。

この件については、２０１２年に『料理通信』のガストロノミー特集で座談会を実施した際に、ひとつの結論を見出しました。「現代はフロンティア（辺境）の時代」というものです。人々の関心がガストロノミーの中心地、たとえばフランスやイタリアではなく、辺境に吸い寄せられていく傾向が強いため、このような結果が生じるのだろうと。

なぜか？　理由は簡単です。人は新しいものを知りたいからです。新しさこそがニュースバリュー。もちろん、そこに飛びつくに匹敵するだけの価値がなければ始まらない話ですが、新しい料理をいち早く体験して、いち早くその価値を認めて、世に知らしめたい。意地の悪い見方をすれば、新しい価値を体験・発見した自分を自慢したい。次の辺境がどこかを虎視眈々《こしたんたん》とねらう、その欲求が人々にある限り、当面、世界一のレストランはフランスからは登場しないかもしれません。

これは、ミシュランがあくまで「評価」であるのに対して、ワールズ・フィフティーが「ランキング」であることと関係しています。ミシュランは自らが評価機関となって、レストランに対して評価を下す。評価基準はミシュラン一社に属し、三ツ星も二ツ星もミシュランの意思で決まります。対して、ワールズ・フィフティーは、食マインドは一様に高いけれども環境も立場も違う数百人の投票で決まる。限定的ではあるけれど世論のようなものです。話題や趨勢《すうせい》に動かされがちな側面は否定できません。

もうひとつ。ミシュランがフランス、ニューヨーク、東京・横浜・鎌倉などと国別、あるいは都市別に評価を下すのとは違って、ワールズ・フィフティーは、国の枠も料理ジャンルの枠も関係なく、投票数の多い順にはじき出されるランキング。グローバルであり、これまたバリアフリー。人々の関心がフロンティアへ、未開の地へと向かったとしても不思議はないでしょう。

それを促進させているのが、インターネットであることは疑いのない事実です。ネット上もまた国境のない世界なのです。ランクインした店の情報を瞬く間に確認できる、じゃあ行ってみよう……となる。「ノーマ」が世界一を初めて獲得したのは、オープンからわずか6年目でした。もしインターネットがなかったら、たった6年で世界一の座を獲得することができただろうかと思うのです。

料理という情報をインプットする時代

料理の世界がインターネットによって動いているのは、もうここ数年来のことです。グルメ検索サイトの「食べログ」は、私もよく利用しています。主としてチェックするのは店の得点と料理写真。ショップデータも時折活用します。もっとも、レストラン検索をする場合には、「食べログ」の前に必ず店独自のホームページを探します。が、これが充実しているケースは極めて少ない。それ以前にホームページを持たないレストランだって少なくありません。オーナーシェフの店の場合、ウェブサイトにまでお金をかけられないのが現実なのです。

そこで、一般の食べ手のブログで情報を得ることになります。店の外観、内装、料理、器、ワイン……すべて詳細に、克明に記録されていて、驚くばかり。私などには絶対に無理です。撮る前に食べてますから……。メモも取らないし。

外食シーンのすべてが「情報」であることに気づいたのは、店よりも客のほうが早かったと言えるでしょう。インターネットが普及するまで、レストランでの食事は純粋な食事でした。接待やデートであれば別の意味合いもあるでしょうが、それにしても食べ物であることに変わりはありませんでした。しかし、ネット社会になって、レストランの食事は別の意味も持つようになった。それが「情報」です。

たとえば、予約の取れないレストランに行ったとします。「今、自分の前にサーブされている料理をブログで紹介したら、みんな興味持つだろうな……」。で、少し前ならデジカメ、今ならスマホでパシャ。ブログやフェイスブックでアップ。もうそれは立派な「情報」です。

レストランに限った話ではありません。人気パティスリーへお菓子を買いに行ったら、その日登場した新商品が並んでいた。さっそくパシャ。フェイスブックにアップすれば、たぶん最速の情報提供者です。月一回発行の『料理通信』なんて、到底かないません。単に好きで食べていたものが、その気になりさえすれば、すべて「情報」になり得ることに気づいた人たちは、外食を、食事の場にもまして情報取得の場と捉えるようになった感があります。

自らダイレクトに発信するシェフたち

店の側が、「ここにあるものはすべて情報である」と気づくのは、食べ手よりも遅れをとりました。ホームページを持っていない店が多いことはその一例。シェフなんてそれこそ「情報」に囲まれて過ごしているのに。ちょっと意外かもしれません。原因としては、料理人のみなさんは概してパソコンと親しくなく、ネット活用者が少なかったせいのような気がします。信じられないかもしれませんが、取材時の原稿のチェックは８割がいまだにＦＡＸで行います。店でパソコンを開くことが稀《まれ》だから、と言われます。

それが、スマホ普及以降、料理人も一気にネット化が進みました。パソコンを立ち上げずともメールやネットができる手軽さが要因です。同時に、フェイスブック利用者が続出。届いてきた食材をフェイスブックにアップし、作った料理をアップし、と厨房から情報発信に努めるシェフが増加中です。ホームページを制作するお金がいらず、リアルタイムで情報発信できるのですから、当然でしょう。「筍《たけのこ》が届きました」「ジビエが届きました」「新作ケーキ作りました」「今、次シーズンの料理を試作中です」「料理教室開催中です」……。

ここで思い出してください、レストランには「表」と「裏」があると書いたことを。「表」とはフロアです。当然、「裏」とは厨房です。レストランは、シェフ（裏）と客がコミュニケーションをとりにくい構造になっています。料理人が調理に集中するためであり、調理場の熱や音や匂いや怒鳴り声（！）が客席に届かないようにするためではあるのですが。

「ラス」の兼子さんがキッチン＆フロア完全一体型の空間にした根底には、「お客さんの反応をダイレクトに聞ける」「スタッフが変わっても僕がお客さんとつながっていれば、サービスのクオリティは大きく変わらない」という考え方があると述べましたが、今、料理人のあいだに、フロアと厨房の仕切り、表と裏の仕切りを取り払おうという欲求が出てきているのかもしれません。フェイスブックで厨房から情報を発信するのは、その願いがハード面で叶《かな》わぬなら、ソフト面でそれを実現しようとするかのように、私には思えます。

コミュニケーション・メディアとしてのレストラン

つまるところ、「情報」が詰まったレストランという場は「メディア」であると言えます。先日、「ラス」の取材中、天井から吊り下げられた不思議な物体が目に留まりました。木目が美しい12面体です。聞けば、スピーカーとのこと。360度音が響き、インテリアとしてのデザイン性も高いそのスピーカーに心奪われ、思わず「今度、取材しよう」と決めました。このとき、「ラス」は紛れもなくメディアとして機能したわけです。カトラリーの引き出しも、「ラス」を通じて広まっていくであろうことを考えると、「ラス」がいかにメディア足り得ているか、想像がつくのではないでしょうか。

三ツ星の「カンテサンス」など、それこそ最上のメディアでしょう。シェフ・岸田周三という統率者の審美眼のもと、そこで使われている食材、調理法、ワイン……すべてが高い価値を持つ「情報」であり、その総合体としての店は「情報」を伝える「メディア」に他ならない。

「レストランはメディアである」ということに気づいたシェフは、店をこれまでとは違った視点で見るようになるでしょう。「おいしい料理を提供する場」として以上の役割を果たすことも可能だからです。これまでレストランはお客さんとのあいだで「おいしさ」の受け渡しをしてきたわけですが、食材が「情報」となり、メニューやワインが「情報」となった今、レストランには「おいしさ」以上の受け渡しの可能性が広がっているということなのです。

「バルは街の集会所」「バルは街のちゃぶ台」と書きましたが、バルのほうが店と客との距離が近い分、「メディア」としての機能が先行しているかもしれません。レストランが「おいしさ」以上のどんな受け渡しをしていくことになるのか、そもそも「おいしさ」の変容は起こり得るのか、そのあたりについて次章から語っていきたいと思います。

第２章

「おいしさ」は更新される

ところで、蕎麦はおいしいのか？

「子供の頃は、蕎麦《そば》のどこがおいしいのか分からなかった」という話をよく聞きます。私自身がそうでした。年越し蕎麦など何のありがたみもなく、しきたりゆえに形だけ少量食べていたのを思い出します。それが大人になるにつれ、蕎麦が「おいしい」と感じるようになるのだから不思議です。私の場合、30歳を過ぎた頃には「蕎麦好き」を自覚するようになっていました。

私の「蕎麦好き」への道筋はいたって軟弱です。最初に勤めた会社の上司や先輩がグルメ揃《ぞろ》いだったのですが（私が今この仕事をしているのは、その影響が少なくありません）、彼らの蕎麦屋話に誘導されたのでした。会社近く、渋谷のＮＨＫ西門前に「おくむら」という蕎麦屋があり、冬が近づくと誰彼ともなく「鴨南《かもなん》、食べてきたよ」という話になるのです。入社一年生は「鴨南って？」と上司や先輩に尋ねる。すると、滔々《とうとう》と説明してくれるわけです。「鴨の脂が汁の上を覆《おお》い尽くしていて、そこから蕎麦をすくい上げる。と、蕎麦が鴨の脂をまとって、いや、これが熱くてね、火傷《やけど》しそうになりながら食べるんだけれど、これがなんとも……」。

はぁ、蕎麦にそんな色っぽい世界があったんですかという感じで、新人は「おくむら」の扉を開けるのです。上司の解説を聞いた時点で、新人の蕎麦観はすでに塗り替えられている。洗脳ですね。鴨南蛮と向かい合う新人の目と鼻と舌はすでに全開で、脳はぐるぐると回転しまくっています。なんて、蕎麦と鴨（正確には鴨の脂のような気がします）は合うんだろう……。なんで、蕎麦と鴨は合うんだろう？　蕎麦にもこういう枯れてない世界があったんだ。いや、蕎麦自体は枯れてるから、鴨との相性が際立つんじゃないか？　いや、蕎麦って、枯れてるのか？

鴨南蛮を通して蕎麦を見ることによって、蕎麦に俄然《がぜん》興味が湧《わ》いてくるわけです。蕎麦の色そのままに、うすぼんやりとした無彩色の、味があるのかないのか、おいしいのかおいしくないのか、よく分からない食べ物だったのが、鴨の脂をまとった途端、無彩色が野趣味《やしゅみ》へと変貌を遂げる驚き。

和菓子より洋菓子が「おいしい」と思う理由

ご存じのように蕎麦自体はいたって淡白な、旨味《うまみ》の薄い食べ物です。単純に「おいしい」と感じる要素は少ないと言えます。では、単純に「おいしい」と感じる要素は何かと言えば、大雑把《おおざっぱ》には「アミノ酸・脂肪・糖分」です。学術的なことは分かりませんが、「アミノ酸・脂肪・糖分」が鍵を握っているであろうことは、仕事の中で思い知らされてきました。もちろん「おいしい」を形成する要素は多面的にあって、この3要素はごく一面にすぎないけれど、「アミノ酸・脂肪・糖分」が多面的にある要素の中の核であるようにも思います。

話が少し脇道にそれますが、そのことを痛切に感じさせられたのは和菓子です。前職の『料理王国』編集部時代に和菓子特集を組もうとしたときのこと。「和菓子をおいしいと思ったことがある」スタッフがほとんどいないという事実に愕然《がくぜん》としました。そういえば、昔、スタッフの一人から「和菓子は単に甘いだけ」と言われたことがありました。「ただ甘いだけだと!?　お前の味覚はどうなってるんじゃい」と当時は彼女の問題だと思ったけれど、個人の味覚の問題ではないのかもしれない……。洋菓子にはあんなに色めきたつのに、和菓子へのこの反応の悪さは何なんだ……。

そこで思い当たったのが、素材です。洋菓子の主素材は、卵、バター、砂糖、粉——たとえば、パウンドケーキはこの4つの素材を同量ずつ合わせる「4同割《どうわり》」という配合で作られます。そこへ牛乳や生クリームが加わって、生地《きじ》のバリエーションができていく。パンケーキ、クレープ、マドレーヌといった定番菓子のほとんどが、これらの素材をベースに作られています。カスタードクリームの材料も、卵、牛乳、砂糖、小麦粉です。つまり、洋菓子とは、砂糖と動物性タンパク質、そして脂肪の塊なんです。対する和菓子の素材は、小豆《あずき》と砂糖で作る餡《あん》をベースに、羊羹《ようかん》なら寒天、饅頭《まんじゅう》なら生地用の上用粉（米粉）と山芋《やまいも》がプラスされるといったように、およそ脂肪分のない植物性素材で作られる。

洋菓子のようにタンパク質・脂肪・糖分が多いということは、アミノ酸が豊富でコクがあって甘いということですから、誰もが「おいしい」と感じやすい。いずれもが生命維持物質的な栄養素であり、体が無意識のうちにおいしいと思ってしまうようにできているとも言えます。タンパク質（アミノ酸）・脂肪・糖分の塊のようなシュークリームを幼少時から無条件に「おいしい」と思うのは当然のことでしょう。それと比べれば、そりゃ、「和菓子はただ甘いだけ」と言われてしまうのも仕方がない。というか、それが事実だ、ということに気づいたのでした。

迎えに行ってキャッチする味

蕎麦も和菓子と一緒です。蕎麦の材料は蕎麦粉と水だけ。つゆをつけない限り、味の要素はきわめて希薄と言えるでしょう。そのきわめて希薄な味を、食べ手が迎えに行って受け止めるところに、蕎麦の醍醐味《だいごみ》があると言えます。蕎麦のほうから、「どうだ、旨いだろう」なんて言ってきたりはしない。霜降りの肉がアミノ酸と脂肪を滴らせて饒舌《じょうぜつ》な旨味攻撃を繰り広げるのに比べたら、蕎麦はあまりにも寡黙。でも、寡黙な中のつぶやきを聞き取れるようになると、一見無彩色の中に味の要素がジャクソン・ポロックの絵のように無数にひしめいていることに気づくのです。ただし、その

「つぶやき」は極微の音量なのですが。

だから、蕎麦通はどんなにこだわりのつゆであろうと、つゆより蕎麦自体の味わいに意識を集中させます。『料理通信』の表紙カメラマンは編集部スタッフよりよほどの食通ですが、彼は蕎麦を食べるとき、最初に2〜3本すくい上げて、つゆを付けずに口へ運びます。そうして、蕎麦単体の味を確認するのでしょう。

〝迎えに行ってキャッチする〟タイプの食べ物は、経験を積まないとおいしさが分かりにくい。聞き取る努力を重ねるうちに、自ずとつぶやきが聞こえるようになるというものです。私自身、鴨南蛮を入り口として、蕎麦を積極的に食べるようになりました。すするカッコよさに憧《あこが》れ、すする練習（?）をするうちに、「もり」（もり蕎麦。最もシンプルな、蕎麦そのものを味わうものですね）のおいしさも感じ始めていました。

もりに関しては、味以外の要因も大きいと思っています。舌触りや歯応えや喉越《のどご》しです。だって、上手にすすれるようになったらなったで、口中における蕎麦の滞留時間は恐ろしく短くなっていくからです。蕎麦を食べている最中にふと気づきました。蕎麦が口に収まったときにはすでに箸《はし》が次を手繰《たぐ》り寄せて、つゆを付けている自分に。

飲み込むと同時に、次の一口をすすり上げるくらい、その反復運動は休む間なく、蕎麦がなくなるまで繰り返されます。自分自身「これで味が分かるんだろうか？」と思うくらいのスピードの反復運動の中で、香り、テクスチャー、味わいをキャッチしているのです。ですから、触感は大事。無意識のうちに味の印象を左右しているはずです。

学習が必要なおいしさ、必要ないおいしさ

「おいしさ」には、「学習が必要なおいしさ」と「学習が必要ないおいしさ」があると私は思っています。ここまでの話で言えば、蕎麦は「学習が必要なおいしさ」、シュークリームは「学習が必要ないおいしさ」ということになるでしょう。実際、蕎麦は、おいしさが外国人に分かりにくい食べ物の筆頭ではないでしょうか。日本人ですら、この章の冒頭で書いたように、子供には分かりにくい味なのですから。

「学習が必要なおいしさ」は、外来の食べ物で考えると分かりやすいと思います。前述の表紙カメラマンに「一番好きな食べ物は何か？」と訊《き》いたときのことです。「ト

リュフ」という答えが返ってきて、その場にいたスタッフ全員が息を呑《の》みました。「トリュフ!?」

おそらく、彼以外の人間には「トリュフが好き」という感覚が分からなかったと思います。彼がトリュフを「おいしい」と思っているかどうかは分からない。「おいしい」とは別の意味で好きなのかもしれない。にせよ、大多数の日本人にはトリュフの魅力がどこにあるのかすら分からないのではないかと思えてなりません。トリュフが高級食材であることは知っている。しかし、香り、食感、味のすべてにおいて、無意識に「おいしい」と感じる感覚が日本人の中にあるようには思えないのです。

トリュフのオムレツ、トリュフのパイ包み、白トリュフのパスタ……等々、トリュフ料理が放つ特有の香りに一度ズドンと衝撃を受けて、絶対に他の食材でこんな味わいは得られないという体験をして初めて、「トリュフが好き」と言えるようになるのではないか。フランスにおけるトリュフの重要度など文化的背景を頭で学習して、その味が納得できるのではないか。それはきっと、フランス人にとっての松茸も一緒でしょう。それにしてもトリュフなどは日本人に一番分かりにくい食べ物という印象があっただけに、カメラマンの返答には、「食経験を積むと、こういうこともあるんだ……」と感嘆の念を持ちました。

意識して習得する外来の味覚

外来の料理は基本的に「学習が必要なおいしさ」だと思います。私がこの仕事に本格的に取り組み始めたばかりの頃、フランス料理店やイタリア料理店で食べていて、正直なところ、調理技術を云々する以前に「これをおいしいと言ってよいのかどうか分からない」心境になることが多々ありました。

スイーツにしたってそうです。日本人にとって、ケーキと言ったら、ふわふわスポンジとトロとろクリームに尽きるでしょう。ショートケーキ、ロールケーキ、プリンなど、万人好みで行列ができるアイテムは概して〝ふわ・とろ〟です。

しかし、フランス菓子はそうではありません。素材の味わいを力強く表現することが美徳のフランスでは、空気をたっぷり含ませて軽く仕立てるなんて発想があまりなかったのでしょう、大概が膨《ふく》らみの少ない生地と重量感のあるクリームでできています。だから、フランス帰りのパティシエが作るフランス菓子は、生地がボソボソで、煮詰めたフルーツやドライフルーツばかり使って、濃くて重い。ふわふわスポンジのケーキなんてショーケースに並べないし、ホイップクリームを使うケーキも少ない——フランス菓子は日本の洋菓子とは異なる体系の上にあるのだと、私は認識しました。

「フランスの体系を知り、その味を覚えなければ、フランス菓子の良し悪しは判断できない」。これまでの「おいしい」とは別種の「おいしい」感覚を自分の中に形作っていかなければいけない。そう言い聞かせて、自分の舌に覚え込ませながら食べていたのを思い出します。フィユタージュ（折りパイ）の焼き加減はこのくらい、味と食感はこんな感じ。タルト生地の焼き加減はこのくらい、味と食感はこう。カスタードクリームはこう……。

スイーツの下見の際、編集部のスタッフとよく意見を交わしたものです——「このパティシエは日本の洋菓子の人」「このパティシエはフランス菓子の人」。この二つのあいだには、狭くて深い溝がある。そして両者の違いは、同じスイーツでも学習の必要な領域があることを物語るのです。

食は言語と同じようなもの

外来の料理でも「学習が必要ないおいしさ」があるという話をする前に、日本の食文化なのに「学習が必要なおいしさ」が増えている話をしておきましょう。日本人の食生活がすっかり欧米化したため、食卓から消えつつある食べ物は「学習が必要」になっているからです。

前述の和菓子などは良い例でしょう。なぜ、「和菓子をおいしいと思ったことがある」スタッフがほとんどいなかったのか。最初、私は不思議でなりませんでした。が、「だって、ほとんど食べたことありませんよ」とスタッフから言われて納得。一様に「和菓子を買って食べない」と言います。「手みやげや旅みやげでもらって食べる以外、食べない」と。それでは和菓子の深遠なる味わいを知るチャンスは稀《まれ》でしょう。それにしても、和菓子は「学習が必要」で、シュークリームは「学習が必要ない」というのは皮肉ですよね。

外来の料理における「学習が必要ないおいしさ」の代表例はマクドナルドのハンバーガーではないでしょうか。マクドナルドは世界118の国と地域で約3万店を展開(2009年6月時点)していますが、これがどれほどすごいことかは、食と言語とを比べてみると分かりやすいかもしれません。

食というのは、言語と同じようなものだと、私は思うのです。イタリア語を話すイタリア人はイタリア料理を食べる。中国語を話す中国人は中国料理を食べる。スペイン語を話すスペイン人はスペイン料理を食べる。さらに細分化して見れば、同じスペインでも、カタルーニャ地方にはカタルーニャ語があって、カタルーニャの食文化があり、バスク地方にはバスク民族が話すバスク語があって、バスクの食文化がある——というのが、歴史が築き上げた食の実態です。

国によって、地域によって、民族によって、食文化・食習慣が変われば、嗜好《しこう》も変わるわけです。しかも、食とはプリミティブなものであり、生命と直接関わるだけに、それに対して人間は基本的に危険を冒《おか》さず保守的です。馴染《なじ》みのない匂いや味、食感には抵抗感を覚えたり、受け入れられる幅が限られている。それが、どの国へ行っても、好き嫌いなく受け入れられるというのはすごいことでしょう。英語が世界の共通語（言語は学習の必要がありますが）であるなら、マックのハンバーガーは世界の共通食と言ってよいかもしれません。

マックのハンバーガーがなぜ、世界の共通食足り得たのか？　その答えはスターバックスがマクドナルドと同様に世界に覇権を拡げていくのを見たときに、ふと見えたような気がしました――「アメリカを通過すると世界中に伝播《でんぱ》可能になる」という法則（というほどのものでもないですが）です。

アメリカを経由した最大公約数的なおいしさ

エスプレッソなら、スターバックスの前にまずイタリアンスタイルのエスプレッソがあったはずです。『月刊喫茶店経営』１９７６年６月号ですでにエスプレッソの特集が組まれていると証言するのは同誌元編集長。くわえて、1980年代にはイタリア料理店が日本に次々とオープンしていますから、エスプレッソも一気に普及したに違いありません。しかし、今にして思えば、それはイタリア好きのあいだでの話であり、イタリア料理界という閉じた世界での普及だったのでしょう。エスプレッソやカフェラテ、カプチーノが大衆化するのは、1996年に上陸したスターバックスによってです。

それはなぜか？　もちろん、話題性もあるでしょう。ですが、それ以上に大きかったのは、スターバックスが押し出したのが、エスプレッソよりエスプレッソ・ドリンクだったことだと私は見ています。苦くて量の少ないエスプレッソではなく、ミルクたっぷり、泡たっぷりで、チョコレートやキャラメルフレーバーを付けたドリンクに仕立てたことが、万人の心を摑《つか》んだのではないか、と。つまり、分かる人だけが分かるおいしさではなく、誰もが分かるおいしさにしたことがエスプレッソの普及にとって大きかったのではないでしょうか。

その誰もが分かるおいしさにしたのは、アメリカという国に他なりません。エスプレッソにしてもスパゲッティにしても、本国から直行ではなく、アメリカを経由すると世界的に流行るような気がしてなりません。民族の嗜好が色濃く反映されると、他民族にとっては学習の必要が出てしまう。けれど、アメリカのような多民族国家で万人に受け入れられる味を追求していったなら、それは自ずと最大公約数的なおいしさになっていく。最大公約数的なおいしさは、世界中どこでも通用することになります。だって、ほら、あらゆる民族にとって「学習が必要ないおいしさ」になっているのですから。

マクドナルドのハンバーガーも、最大公約数的なおいしさです。民族を超えて老若男女が受け入れられる味。アメリカが作り上げた味です。それだけに、今年（2012年）、「世界のマック」と銘打って、フランス、インド、オーストラリアなど各国のご当地バーガーをキャンペーンしているのは、ちょっと興味深いですね。

精神安定剤としてのおいしさ、芸術表現としてのおいしさ

「民族の文化・歴史・嗜好の上にあるおいしさ」と「最大公約数的なおいしさ」では、同じ「おいしい」という言葉を使っていても「おいしい」の質が違うんじゃないか、という気がしませんか？　おふくろの味も「おいしい」なら、三ツ星の料理も「おいしい」。スタンスのまったく異なる料理が同じ言葉で表現されてしまうのが、食の表現だったりするのは、ちょっと歯がゆい……。

自分をふり返ってみると、仕事上では「おいしい」という表現をあまり信用していない自分がいることに気づきます。雑誌で「この店はおいしい」と書かれていても、誰かがネット上で「おいしい」と書いていても、鵜呑《うの》みにすることはありません。

ひとつには、「おいしいか、まずいか」は個人の嗜好と経験値、知識、体調や環境に左右されるので、絶対的なものさしにはなり得ないと思うからです。信用するかしないかは「おいしい」と言った人間次第と言わざるを得ない。「あの店、おいしいよね」というほめ言葉は、「おいしい」が重要なんじゃなくて、誰が言っているかが重要ということでしょう。

もうひとつの理由としては、「おいしい」という言葉は料理の具体的な中身を何も伝えていないから。「おいしいハンバーグ」と聞いて、どんなハンバーグかイメージできますか？——と言われてみて、「おいしい」という言葉が実は何も具体的な事柄を伝えていないことに気づくはずです。

「手切りでミンチにした飛騨牛の肩ロース100%を、つなぎを使わずに成形して鉄板で焼き、塩と胡椒《こしょう》のみで味付け」と言われたら、頭の中に具体像が描かれると同時に味のイメージも膨らんで、そりゃ、まずいわけないわな、となる。「おいしい」と文字数を合わせるなら、「飛騨牛の」「手切りの」でもいいかもしれません。と考えていくと、「おいしい」という言葉は、ある一定レベルの保証（それも使う人間次第ですが）にすぎず、むしろ、精神安定剤だと思うのです。味の中身は分からないけれど、とにかく「おいしい」と書かれているのだからその店に予約を入れよう、といった感じです。

一般誌の場合、レストランガイドなどで「おいしい」という言葉が普通に使われます。『クレア・トラベラー』2012年冬号の「パリ美食のすべて。」特集を例にとると、特集扉には「美食の都で、おいしい名所巡り。」とある。一方、食の専門出版社である柴田書店の各誌。たとえば、いま私の手元にある『別冊専門料理 SPECIALITES

スペシャリテ２０１１』には「おいしい」という言葉はほとんど出てきません。こちらの読者にとっては「おいしい」かどうかより、おいしさをもたらす技術や素材のほうが大事だからです。

ここまで書いたのは、「おいしい」という言葉の問題ですが、同様のことが、おいしさの実態としてもあることに気づきました。「おいしさ」にもざっくりと２タイプある。ひとつが、誰が食べても心地よく感じる生理的なおいしさ。まさに精神安定剤としてのおいしさです。この場合、料理の作り手の意識自体が「普通においしい安心レベル」に留まっているケースが多く、突き詰めるような作り方をしません。おいしさの質としても感動や衝撃ではなく、癒《いや》しや和《なご》みをもたらす傾向にあります。この手の作り手には、「おいしい」＝「心地よい」という感覚があるような気がします。

もうひとつが、表現としてのおいしさ。素材の組み合わせや食感のコントラストに趣向を凝らし、その新しさや精度の高さにおいて限界点を極めようとする行為が生むおいしさです。こちらは場合によって芸術的な領域に入り込んでいると言ってよいかもしれません。前者とは反対に、そうした料理の担い手はキリキリと突き詰めて作りますし、その分、もたらすものは癒しや和みよりも感動や衝撃でしょう。コンセプトや技術を理解するのに学習や思考を必要とする場合も多く、それだけに探求の喜びをもたらしてくれます。

前述の「おふくろの味」は前者、「三ツ星の料理」は後者です。スイーツで見れば、マフィンやドーナッツといったおやつ系の粉ものスイーツは前者、コンクールの世界大会に出るようなパティシエが作るスイーツは後者です。

おいしさの学習がマニアを生む

「学習や思考を必要とする」のは一見厄介《やっかい》なように見えますが、「その分、探求の喜びがもたらされる」ことを知ってしまうと、人ははまります。マニア化です。

『料理通信』の様々な特集の中でも、スイーツ特集は創刊以来必ず年2回組み、常に安定的に売れます。それは、スイーツマニアのおかげです。他の特集は買わなくてもスイーツ特集号だけは買うという層が確実にいるのです。『料理通信』が掲載するお菓子屋さんのほとんどを回っていて、お気に入りの店には定期的に通い、パティシエとのコミュニケーションも図《はか》り、しばしば特注でオーダーしたり、といった人たち。

そんなスイーツマニアが圧倒的勢力を誇っているように感じていましたが、最近、勢力拡大著しいのがパンマニア。マツコ・デラックスさんがホストを務めるTBS系の深夜番組『マツコの知らない世界』（2011年10月〜）には、いろんなジャンルのマニア（間取り研究家、駅蕎麦研究家、資格王、缶詰博士、等々）がゲストで登場しますが、池田浩明さんはこの番組のゲストになれそうなくらいのパンマニアです。2012年の春には、雑誌『パニック7ゴールド』（白夜書房）で発表してきた研究成果を大幅加筆して一冊にまとめ、その名も『パンラボ』（白夜書房）を出版しました。この本を一読して、私の頭をよぎったのが「味わう技術」という言葉です。

味わうにも技術がいる

『パンラボ』について語る前に、少し話を戻しましょう。私は「おいしい」という言葉を鵜呑みにしない、と書きました。理由としては以下の通り。

1 「おいしい」という言葉は、個人の嗜好と経験値、知識、体調や環境に左右され、絶対的なものさしにならないから

2 「おいしい」という言葉は、具体的な中身を伝えていないから

また、「おいしい」の実態として、

1 癒しや和みをもたらす精神安定剤的なおいしさ

2 感動や衝撃をもたらす芸術表現的なおいしさ

があると述べました。

今、書いていても思います、「おいしい」って、こんなにも曖昧で特定しきれないものなんだなって。陸上や水泳の競争のようにタイムで計れるものではない。ミシュランのようにランクづけしたとしても、「これ、本当に三ツ星？」といったように点数の受け止め方が人によって違ってきてしまうという厄介な性格の持ち主なのです。

私たちの仕事は、それでもより多くの人が「おいしい」と感じてくれる店を紹介することにあります。そこで私が自分に課しているのは、

1　「おいしい」にせよ「おいしくない」にせよ、そう感じる理由・原因を探る
2　理由・原因を見出すための材料を集める
ということです。

たとえば、食材は何を使っているのか。どんな製法で作っているのか。他店の製法とはどこが違うのか。その製法はどこで学んだのか。シェフのポリシーは。シェフの修業歴は。つまり、その味を形成している要因を可能な限り把握できたとき、「おいしい」「おいしくない」の根拠がある程度は裏付けられ、個人の嗜好を超えて評価し得るか否かが見えてくるのだと思うのです。

「おいしい」を判断するには「作る技術」を知らなければならない、と私は考えます。そんな必要のない優れた味覚の持ち主もいるでしょう。しかし、個人の好き嫌いを超えた判断をするのに、味と製法・技術とのあいだにある因果関係を知っているに越したことはありません。この味・この食感はどんなプロセスから生まれるのか、因果関係のインプットを図り続けることによって、客観的な判断に近づくことができるのではないか。ひと言で言えば、味わうにも知識がいるということです。料理人やパティ

シエが作る技術を磨くように、個人の嗜好を超えるには「味わう技術」を磨かなければならないと考えているのです。

『パンラボ』の池田さんは、その本の「はじめに」で次のように書いています。

「こうして私たちはパンのレッスンをはじめた。レッスン開始時、私はパン好きではあったが、ただの門外漢、ただの素人にすぎなかった。3年以上にわたって、私たちは食べた。すべての作り手から製法を聞き取り、それぞれのパンの歴史を紐解《ひもと》き、毎回新しい領域を踏破していった。舌と鼻腔《びくう》に風味の記憶が蓄積され、自分なりの味の基準というものもできあがった。比較対照できる記憶が増えれば増えるほど、テイスティングの精度は鋭くなった」。

『パンラボ』の基本は、比較テイスティングにあります。それも一人ではなく、パンの専門家と行います。食パン、バゲット、クロワッサン、あんぱん、カレーパン、ドーナッツなど、アイテム別に10軒前後のパンを同時に食べ、それぞれの味や食感を把握し、その背景に思いをめぐらせ、それらを食べ手がどう感じるかを丁寧に、かなり情感を込めて考察するのです。

実際、池田さんはこう述べています。「パンが一堂に出会うと、語らいだし、なにかをささやきはじめる。ひとつひとつ単独で見ていたときには気づかなかったものが、比較によって見えてくる。味覚についても同じことがいえる。いま食べたパンの正確な記憶が舌に残るうちに、次のパンを口にする。曖昧模糊《あいまいもこ》としていた、それぞれの特徴が鮮明となる。特別鋭敏な舌や知識を必要としないほどに」（前掲書）。

「素朴系女子」という作るマニアの誕生

「味わう技術」を磨く「食べるマニア」がいる一方で、一般の中には「作る技術」を習得する「作るマニア」もいます。お菓子教室やパン教室へ通い、自力で味をリアライズする喜びに目覚め、はまっていく人々です。作った以上、人に食べてほしい。そんな当然の思いが募《つの》るため、「作るマニア」が進む先は店です。最初は友人やご近所に頼まれて作るうちに、ネット販売や卸しを手掛けるようになり、やがて、自宅を改装したり物件を借りたりして、ささやかな開業へと発展していくのです。この動きは

２０００年代後半から活発化しました。

　このタイプの人々のうごめきが気になり始めたのは、２００５〜２００６年頃です。雑貨屋の一角にスイーツが置かれる光景を見るようになり、それを手に取ったことが始まりでした。六本木ヒルズ内の雑貨屋「ミュゼ・イマジネール六本木」（２０１２年１月閉店）で出会ったのが「ひなた焼菓子店」のクッキー。簡素な中に温もりと繊細さがあって、手芸に通じる優しさが愛おしく感じられて買ってみたのです。食べてみると、おいしい（今、ここで、私がこの言葉を使っても信用してもらえないかもしれませんね）。ほっとするおいしさで、まさに先述の「癒しや和みをもたらす精神安定剤的なおいしさ」。デスクの引き出しに入れておきたくなるおいしさとでも言えばよいでしょうか。私は修道院菓子の研究をライフワークとしたいと願っている（残念ながら、まだ食べているだけで何もせず）のですが、修道院菓子に通じる味わいがありました。

　そういう体験を何回か重ねるうちに、「これはひとつのカテゴリーが作れるのではないか」と思うようになったのです。で、密《ひそ》かに付けたカテゴリー名が「素朴系女子菓子部」。そのお菓子の佇《たたず》まいからの命名です。２００８年には『料理通信』のブログで、本誌2009年2月号の「シンプルスイーツの時代」特集からは、スイーツ特集の度に「素朴系女子菓子部」を取り上げるようになっています。

取材し始めてみると、「素朴系女子菓子部」のパイオニアたちはプロであることが判明するのですが、追随《ついずい》組になると「ル・コルドン・ブルー」や街のお菓子教室出身者が増えるという傾向がありました。菓子部の後を追うように「素朴系女子パン部」も形成されていきます。こちらはさらにパン教室出身者（ひと言で言えば、素人ですね）比率が高いように感じています。

「素朴系女子」には共通の特徴があります。

1　商品が限定的である
2　営業日・営業時間が限定的である
3　内装が私的である
4　服装も私的である

つまり、すべてが私的なんです。具体的に説明すると、

1　スイーツだったら焼き菓子のみとかマフィンのみ、ドーナッツのみなど。パンだっ

たら、商品の種類が10種程度しかなかったり

2　週末しか営業しない、週3日しか営業しない、営業時間が3時間のみというケースも

3　使い込んだ家具を配して、雑貨屋かアンティークショップかといった店づくり

4　コックコートを着ないで、自分にとっての仕事着を着る。頭にはスカーフを巻くか、帽子をかぶる

つまり、徹頭徹尾《てっとうてつび》、自己表現としての菓子屋であり、パン屋ということですね。

パーソナルな共感を開拓した素朴系女子の店

日本のパン職人にとっての憧れ、東京・桜新町にある「ベッカライ・ブロートハイム」の明石《あかし》克彦シェフを初めて取材したときに「なるほど」と思ったのが「パン屋さんは街の町会長」ということでした。ヨーロッパでは近所の人たちが毎日パンを買いに来る。だから、パン屋さんは街のみんなの顔を知っている。来ない人がいれば、「風

邪でもひいたのかな」と心配する。「パン屋さんって、そういう存在なんですよ」。だから、朝早くから店を開けるし（もちろんみんなの朝食のパンを用意するため）、子供のおやつのパンも並べておくし、会社帰りのお客さんには「お帰りなさい」を言う。

また、お菓子屋さんの場合、フランスでは、日曜日のミサの帰りに菓子屋に寄って、家族みんなで食べるケーキを買う習慣がある。だから、日曜日は休まない。「そのとき食べるのはサントノーレ（聖人の名前のケーキ）なんです。私も以前は、サントノーレを日曜日に作っていました」と言うのは東京・尾山台「オーボンヴュータン」の河田勝彦シェフ。パン屋さんもお菓子屋さんも本来、それぞれの職業を通して社会の役割を担う意識で営んでいるということです。

それと比べると、「素朴系女子」は店という形をとりつつも、どこか個人の領域に留まっている感が否めません。そもそも、「素朴系女子」登場の背景には食の世界で働く女子の増加がありました。レストランにせよ、パティスリーにせよ、ブーランジュリーにせよ、元々は男社会です。厨房《ちゅうぼう》に入れば、大量のカスタードクリームを炊《た》くとか、大量の生地をこねるとか、大半が力仕事。しかも、レストランの厨房は暑く、菓子屋の厨房は寒く、勤務時間は長く、と労働条件は過酷です。たとえ、厨房に入れたとしても、女性にとっては、身体を壊しかねず、長く続けることが困難という現実がありました。

そこで、「お菓子が好き」「お菓子作りを生業《なりわい》にしたい」という女性の多くは従来、お菓子教室を開くことで欲求を満たしてきた。それが、最近は教室ではなく店を開く。ただし、従来の規範は無視して、体力や財力に無理のない範囲で開く道を選んだのです。

体力はもちろんですが、財力というのも「素朴系女子」店舗形態の少なからぬ要因ではないか、と私は思います。菓子屋にせよパン屋にせよ、厨房機器を揃えるだけでも大変です。オーブン、冷蔵庫、冷凍庫、お菓子屋さんであればショーケース、それだけでもかなりの出費。くわえて、それらを備えるには広いスペースも必要で、家賃もままならないという現実が立ちはだかるのです。

体力と財力に無理のない菓子屋・パン屋とは、どんな店か？　考え抜いた先に見えたのが、前述「1」～「4」の「素朴系女子」的スタイルだったというわけです。人をたくさん雇って儲けようとも思わない分、営業時間も無理しない。でも、せっかく店を開くなら、徹底的に自分好みの空間にしよう。だって、この場所に一番長くいるのは他の誰でもない自分だもの。そうやって私的な店はでき上がっていったのでしょう。

そんな「素朴系女子」の店は支持を得ることになります。当然かもしれません。だって店主と客が同性で同世代なのです。店の空間にも提供される菓子にも、同性・同世代だから肌感覚で分かり合えるテイストが成立していることは間違いないのです。たとえどんなに腕が良くても、40代以上のおやじパティシエ（ごめんなさい、あえてそう呼ばせてください）では具現化できないものが、出現してしまったのです。「素朴系女子」たちが「癒しや和みをもたらす精神安定剤的なおいしさ」の領域にいることは間違いない。けれど、その領域を拡張したことも事実だろうと私は思います。

従来型のパティスリーやブーランジュリーには、主としてフランスというお手本がありました。おやじパティシエたちは、フランスの店のスタイルを写すように菓子づくり、店づくりをしてきたと言えます。ですが、「素朴系女子」が表現する菓子や空間はごくごく感覚的なもの。写し出しているのはフランスではなく自分です。そこに、食べ手たちは等身大の心地よさを見出し、共感して菓子を買うのです。およそ、おじさんたちには思いもよらなかった領域が広がったのです。

肉の焼き方に見る、芸術表現的おいしさの更新

一方、「おいしさ」の二つ目、「感動や衝撃をもたらす芸術表現的なおいしさ」も拡張されています。こちらはややもすれば危うい拡張かもしれません。なにせ、前にも書いたように、「新しさや精度の高さにおいて限界点を極めようとする行為」だからです。一歩間違うと、おいしさの限界点を超えてしまう。「これって、おいしいの？」という地点へ入り込んでしまう可能性もあるからです。

代表的なのが、新世代のガストロノミー系料理人たちの火入れです。「低温調理」という言葉を耳にしたことはないでしょうか？　読んで字のごとく、低温で行う加熱を指します。この「低温調理」という言葉が、ここ5〜6年のあいだにシェフたちの口からよく聞かれるようになりました。

たとえば、肉焼き。従来、ローストと言えば、オーブンで200〜250℃で焼

くのが一般的でした。よく「揚げ物の温度は180℃」と言われるのと同様、「ローストの温度は200℃超」とインプットされていたと言えます。忘れもしませんが、2000年に肉焼き特集の取材でレストランを何軒も回っていたときのこと。肉焼き名人として知られる、東京・四谷「北島亭」の北島素幸シェフのローストの温度は150~160℃であると別のシェフに伝えたところ、「その温度で焼けるはずがない」と言われたのです。それくらい「ローストの温度は200℃超」が料理人の常識だったわけです。

それが、ここ5年ほどのあいだに、「えっ?」と耳を疑うような温度を聞くようになりました。最初の衝撃は、広尾にあるイタリア料理店「ACCA（アッカ）」の肉焼きでした。こちらのローストが肉汁の蓄え方といい、肉らしい味わいといい素晴らしくて、どんな焼き方をしているのか訊いたところ、シェフの林冬青《とうせい》さんいわく「100℃で2時間。正確な温度は分からない。うちのオーブンが最低100℃までしか設定できないので。とにかく100℃に設定したうえで電源を入れたり止めたりして100℃以上に上がらないようにして焼いています」。

ローストの場合、途中まで焼いて休ませておき、提供直前に仕上げ焼きをするというケースが少なくありません。しかし、林さんは、焼き始めから焼き終わりまで一気に駆け抜けます。ということは、ほぼ、お客さんの入店時から肉を焼き始めるわけです。他の調理をしながら、2時間ずっと100℃より上昇しないように肉に注意を払い続けていることになる。シェフにそこまでさせる肉というものの威力に、別格のパワーを感じてしまいます。

大阪「Fujiya1935」の藤原哲也さんにも驚かされました。こちらは普通のローストではなく、塊の肉を裸のまま、65℃のお湯の中で18分間循環させた後、表面を焼くというのです。

65℃が切り拓く新しいおいしさ

この「65℃」という温度（少し幅を持たせると60〜68℃）は、昨今の取材で最もよく聞く温度帯です。「真空にして65℃のスチームコンベクションで20分ゆっくり加熱。その後、表面を炭火で焙《あぶ》る」「60℃のオーブンで1時間半〜2時間加熱。その後、休ませておき、供する前に高温のグリヤード（溝のついた鉄板）で表面を焙る」など。なぜ、65℃かと言えば、この温度がタンパク質の変性温度だから。肉にとって生と加熱の境界温度が65℃ということなのでしょう。

では、200℃超の加熱と65℃の加熱では何が違うのか？　65℃で加熱する意味とは何か？　よく言われるのが、「タンパク質が変性するギリギリの温度を肉にゆっくり与え、急激な加熱を避けることで、細胞膜の伸縮や破壊を最小限に抑えて、肉汁の損失を防ぐ」。そうです、「肉汁を一滴も逃さないため」です。シェフたちは必ず言います。「肉汁は皿の上でなく、嚙《か》んだときに口中でほとばしってほしい」。その思いは切実です。だから、みな、頭の中でイメージするのです。肉汁はどういう状態で肉の中に存在しているのか、それに対してどんな加熱を施すと、どんな動きを見せるのか。シミュレーションを重ねながら、自分なりの肉焼き術を築き上げていきます。

それで、65℃帯で加熱した肉はどういう状態になるのか？　私の言葉で言えば「ぷるぷる」です。女性のフトモモや二の腕のような「ぷるぷる」になります。ナイフやフォークの先が当たると、「ぷるぷるっ」と震える。しなやかに柔らかく押し返してくる弾力がある。なるほど肉汁を損なわずに抱え込んでいるのでしょう、断面はうるうると真っ赤で、口へ運べば、歯が食い込む感触がむにゅっとして、従来の肉とは異なります。

このタイプの肉料理が登場し始めたばかりの頃、同業者間で何かと話題になりました。「あれって、焼けてるの？」「腐敗を引き起こしやすい危険な温度帯だよね」「そもそも、あれ、おいしいの？」……。どう受け止めるべきか、どう評価すべきか、みんな迷ったのです。ジャーナリストだけではありません。あるレストランでは、ベテランシェフに「この肉、焼けてないだろう！」とクレームをつけられたという実話もあります。

私も最初は半信半疑でした。「これは、おいしいのだろうか？」。高温で表面をガッシリ焼き固め、ナイフを入れるとジュワッと肉汁がほとばしる肉に慣れてしまっている舌には、不思議な食感に感じられました。数回食べ続けるうちに、この新・肉焼き術による肉のほうが、口中が軽く、喉通りがよく、身体が心地よいことに気づくのですが。

200℃超という肉焼きの暗黙の了解が取り払われて、料理人たちは、温度の探求へと向かいました。何℃で何分焼くべきか？　自分が理想とする肉の状態をもたらす温度探しです。それまでは理想とする肉焼きの到達点は共通だったと言えます。誰が焼く場合も、大体みな同じ地点を目指していたし、アプローチの仕方にも大きな差はなかった。それが、今は料理人によって到達点が変わってきたと言えるのかもしれません。むしろ、人が提示してこなかった素材の状態を描き出して見せることに、自分の表現があると考えるようになっている感もあります。

知っている食材の知らなかった局面

誰もが知っている素材の、誰もが知らなかった局面を切り出すことを、自分の表現とし始めたのは、肉に対してばかりではありません。東京・西麻布「レフェルヴェソンス」のカブの料理、「丸ごと火入れした蕪《かぶ》とイタリアンパセリのエミュルション、ハモンイベリコ＆ブリオッシュ」は良い例でしょう。カブを低温で4時間火入れたした後、いったん冷却。ピーナッツオイルで焼き目をつけてから、包み込むようにバターの泡を回しかけて焼き上げ、サラマンダー（上火だけの開放型オーブン）で仕上げ――というものですが、そのカブの味の鮮烈さは、素材と調理との関係を改めて考えさせます。それだけの味が内在していなければ、どんな手を施したところで、人の目を見開かせることはないわけですが、従来の調理で体感し得なかった味を発掘したのは調理の力でしょう。

『料理通信』創刊号（2006年6月）で、当時オープンしたばかりの「カンテサンス」による象徴的な事例を紹介しています。料理名が「〝螺鈿《らでん》のように光る〟スズキのロースト」。その説明には「身の表面に螺鈿状の輝きが現れる瞬間がおいしさの頂点ととらえた料理」とあります。

実際、この料理を前にしたとき、ちょっと目からウロコが落ちる感じがありました。魚の断面が光の当たり具合によってキラキラと光ることは周知の事実でしょうが、ほとんどの人にとって「それが何か？」ぐらいの、無意識下の認識だったのではないでしょうか。それを味と結びつけて見せ、しかも「螺鈿」と表現したセンスに「やられた」と思ったのです。

なおかつ、火が通り切る一歩手前で止めた、独自の火入れ加減。これは「mi-cuit（ミ・キュイ）」（mi＝半分、cuit＝焼けた）と呼ばれる、フランス人が魚を調理するときによく用いる仕上げ方ではあるものの、多くの「ミ・キュイ」が鰹《かつお》のたたきくらいの火入れにするところ、岸田さんはもう少し火を入れて、肉で言うところの「ロゼ」にした。憎い落としどころです。

記憶に働きかける新世代

レストランで食事をして、最後に「いかがでしたか？」と訊かれると、「おいしかったです」と答えます。しかし、「おいしい」という言葉に変わりはないけれど、その中身が明らかに違ってきた。それは厨房の中で行われている調理法や考え方自体が違ってきたかららしい——これは確かめなければ。

というわけで、2011年の夏から、若手のガストロノミー系のシェフたちを意識的に取材するようになりました。若い世代の調理体系が以前とは違ってきていて、ゆえに、これまでの取材経験が通用しない感覚があったのです。新しい調理体系の上に立つ料理人たちの調理事例をもっとインプットしなければ、との思いに駆り立てられての取材でした。まあ、端的に言えば、「65℃」が気になって仕方がなかったのです。どのくらい65℃調理が浸透しているのだろうか、と。だから、取材の度に火入れの温度と時間はしつこく訊きました。

取材をし始めて気づいたこともあります。「記憶」を表現の拠り所とする料理人が登場していたことです。大阪「Fujiya1935」の藤原さん、奈良「アコルドゥ」の川島宙《ひろし》さんがその代表でしょうか。藤原さんの取材を行ったのは2011年10月。撮影したのは栗のデザートでした。栗のグラスデザートと一緒に桐箱《きりばこ》——匂い袋とか帯留めが入っているような桐箱です——がサーブされてきて、開けると、燻《いぶ》した栗の鬼皮《おにがわ》がびっしり詰まった真ん中に、栗のシロップ煮が一粒、そっと佇んでいました。鬼皮はどう見ても剝《む》いた後の皮であり、食べられない部分です。本来ならゴミ箱へ

郵 便 は が き

料金受取人払郵便

神田局
承認

8555

差出有効期間
平成26年11月
16日まで

101-8796

507

東京都千代田区西神田3-3-5
朝日出版社

ideaink 05
外食2.0 編集部 行

ご住所 〒 TEL		
お名前（ふりがな）	年齢 歳	性別 男 女
Eメールアドレス		
ご職業	お買上書店名	

このハガキは、アンケートの収集、関連書籍のご案内、書籍のご注文に対応するためのご本人確認・配送先確認を目的としたものです。ご記入いただいた個人情報はご注文の書籍を発送する際やデータベース化する際に、個人情報に関する機密保持契約を締結した業務委託会社に委託する場合がございますが、上記目的以外での使用はいたしません。以上ご了解の上、ご記入願います。

000688

ideaink 05

外食2.0

ご購読ありがとうございました。みなさまのご意見・ご感想をお聞かせください。

1. この本を何でお知りになりましたか?
書店 / 書評 / 広告 / ウェブサイト / その他 [　　　　　　　　　　　　]
[媒体名:　　　　　　　　　　　　　　　　　　　　　　　　　　　　]

2. この本の値段は……　安い / ちょうどいい / 高い

3. ご感想をご自由にお書きください。

4. このシリーズでどんな本(著者やテーマなど)を読みたいですか?

5. 機会があれば、上記ご感想を新聞・雑誌・広告・弊社サイトなどで、匿名にて掲載してもよろしいでしょうか?
はい / いいえ

ご感想はこちらでも twitter: @idea_ink / mail: ideaink@asahipress.com

行くべきもの。なぜ、それがここにあるのか？　装飾としてなら剝く前の栗を使えばいいのに、目の前にあるのは「剝きがら」です。しかし、取材を進めるうちに、重要なのは、シロップ煮よりむしろ鬼皮のほうなんじゃないかということが見えてきました。

藤原さんは、「おいしいと思う感覚は味覚だけでなく記憶と結びついている」と考えています。味覚、視覚、嗅覚、聴覚、触覚のすべてを総動員して感じ取ったものが脳でひとつに結ばれ、過去の記憶ともあいまって、「おいしい」が湧き上がってくるのだ、と。そこで彼は「味覚以外の味わい」が鬼皮にあると考えた。鬼皮を燻した香り。鬼皮がガサガサいう音や感触。それらは食べ手の視覚、嗅覚、触覚を刺激します。つまり、舌以外の器官から食べ手の感情に働きかけるのです。

「昔、どこかで体験した焚《た》き火の匂いだったり、剝いた栗の鬼皮が爪に刺さった思い出だったり、そんな栗をめぐる情景がお客さんの頭の中に描かれたら、一粒の栗の味わいはもっと深く感じてもらえると思うのです」と藤原さん。だから、味覚以外の器官が受け止める要素も皿の上にのせる。鬼皮も重要というわけです。

「アコルドゥ」の川島さんも、記憶が味覚を左右する側面が大きいと考える一人です。たとえば、ステーキ。前述のように肉焼きはシェフにとって永遠のテーマです。みな、ベストな火入れ、ピンポイントの火入れを目指します。それを川島さんは「あえて昔のステーキハウスで出てきたような焼き方をして提供してみたらどうだろう」などと考える。それは決して優れた火入れではないかもしれない。けれど、それによって、昔、とっておきのご馳走《ちそう》だったステーキを親と一緒に食べた時間を思い出してもらえたりするのではないか。だとしたら、そのほうがよほど人間的な感情が生まれるのではないか、というわけです。

おいしさの目盛りを更新し続ける

「おいしいって、絶対的なものじゃない」と川島さんの料理は言っているように思えます。その一方で、「絶対音感」に相当する「絶対味覚」の存在を信じるかのような姿勢を貫くのが、「カンテサンス」の岸田さんです。

「〝おいしいのは当たり前〟と言うけれど、だからと言って、オリジナリティや驚きを求めるあまり、〝おいしさの追求〟が疎《おろそ》かになっているのではないか？　アスリートがコンマ何秒の速さを競うように、コンマ何ポイントのおいしさを、キリキリと追求していくのが職人でしょう？」　今年（2012年）3月の取材時にこの言葉を岸田さんから聞いて、私の頭の中には「おいしさの目盛り」が描かれました。と同時に、ある一人のパティシエが思い出されました。同年6月末日をもって閉店した「ア・ポワン」の岡田吉之《よしゆき》さんです。

「ア・ポワン」は西八王子という都心からは離れた場所にありながら、〝わざわざ訪れる価値のあるお菓子屋さん〟としてスイーツ好きから高い評価を得ていました。地元のお客さんを大切にする岡田さんは、一番人気のシュークリームを「持ち帰り30分以内」としたため、都心のマニアは大概、嘘をついて買うか、店を出てすぐ食べたものです。もうひとつのスペシャリテ、マカロンは「年5回しか焼かない」「発送しない」「店頭予約しか受け付けない」。それでも、その5回のチャンスを逃すまいとするファンが引きもきりませんでした。

岡田さんのお菓子はいずれも構成要素が少なくシンプルでした。メインとなるパーツがひとつか二つというケースが大半。そのひとつか二つのパーツを徹底的に追求するのです。「肉のようなクグロフ」「鶏の唐揚げのようなクイニャマン」といったイメージに向かって、しつこいほど試作を重ねます。クイニャマンのときは、作っては食べ、作っては食べを繰り返して、「さすがに、口が切れた……」。そりゃそうでしょう、クイニャマンといったら、バターの産地であるフランス・ブルターニュ地方の伝統菓子です。バターを大量に使います。

そのうえ、岡田さんは大のバター好き。クロワッサンもブリオッシュ（卵とバターの配合が多い生地のパン）も他のパティシエよりはるかに多くバターを配合するのです。それを連日食べ続ければ、口も切れる。そうやって作り上げた岡田さんのお菓子は、単一層の中にもいろんな表情――クイニャマンであれば、外側のショリショリ、その下のもっちり、中心部のしっとり。外側のこんがり香ばしい香りと中から立ち上るバターの甘くミルキーな香り。食感も香りもコントラストが見事――がありました。

ただ、時折、疑問に思うこともあったのです。岡田さんは、レシピが完成したからと言って、同じレシピで作り続けることをよしとしなかったのですね。もっと改善できるんじゃないかと考え続け、マイナーチェンジを繰り返す。1カ月ぶりに訪れると、「さらにバージョンアップしたんですよ」と出されるお菓子が「個人的には前回のほうが好きだな」ということもなくはなかったのです。そのとき、思いました。「ラジオのアナログなチューニングのようだ……」と。ベストなポイントを探し続け、「あっ、もしかして、今、ベストかも」と思いつつ、もしかしたら、もっと合うポイントがあるような気もして、チャンネルを動かしているうちにベストポイントを通り過ぎてしまう、そんな感じでした。

「コンマ何秒の速さを競うように、コンマ何ポイントのおいしさを、キリキリと追求していくのが職人でしょう?」という岸田さんの言葉には、おいしさの目盛りを高い数値へと引き上げていくプロの執念を感じます。おいしさは拡張すると同時に、おいしさの目盛りの数値も日々更新し続けていることを思うと、シェフたちの仕事を継続的に見続け、食べ続けなければと思うのです。

第３章
外食は「おいしさ」の先を目指す

日本の日常に浸透するイタリアン

『料理通信』2011年8月号「本場の味は、『ご近所ピッツェリア』へ。」特集は、イタリア本場仕込みのピッツァ職人が、都心ではなく郊外や住宅街で店を開き、〝街の蕎麦屋《そばや》〟的な使われ方をしている様をクローズアップしています。ピッツァをメインに据《す》えつつ、パスタもあれば、つまみもある。飲んでもいいし、食べるだけでもOKというピッツェリアの全方位的な使い勝手の良さは、蕎麦をメインに据えつつ、丼もあれば、つまみもある、食堂としても飲み屋としても使える〝街の蕎麦屋〟と位置付けが似ている、という視点から立てた企画でした。

蕎麦屋に出前があるように、ピッツェリアにはテイクアウトがある。日本全国に店舗展開する「サルヴァトーレ・クオモ」のようにデリバリーもするとなれば、それこそ〝街の蕎麦屋〟そのもの。私の地元の「サルヴァトーレ・クオモ」を見ていても、始終、店売りと外売り（デリバリー）の両方が稼動していて、蕎麦屋がピッツェリアに取って代わられている状況が一目瞭然です。

イタリアンは、業界内に常に動きがあって、人々の情報ニーズも高い料理ジャンルです。パスタやオリーブオイルといった食材が業務用と家庭用の両方にまたがるため、『料理通信』のような「to B」（法人向け）と「to C」（消費者向け）の両域をターゲットとする雑誌にとって広告の営業がしやすいという側面もあります。ところが、２００９年頃から、イタリアンでもレストラン特集では売り上げが伸びなくなってきました。以前は確実にいた「イタリアン特集だから買う」という層が減っているのではないか？　そんな感触がありました。

『料理通信』2011 年 8 月号、特集「本場の味は、『ご近所ピッツェリア』へ。」

そこで、購買層の拡大のために私たちが打った企画が２０１０年４月号の「粉《こな》ものイタリアン大研究！」。イタリアの粉食文化に光を当てて、ピッツァ、フォカッチャ、ピアディーナ（イタリア中部に伝わる無発酵の薄焼きパン）、手打ちパスタ、スイーツと粉もの満載の特集を組み、イタリアン好きだけでなくパン愛好家やスイーツ愛好家といった「粉好き」を取り込もうとねらったのです。これが大当たり。そこで、２０１０年11月号では、「うちめし」と「おつまみ」層にターゲットを拡げるべく「ワインがすすむイタリア惣菜《そうざい》」を特集。といった流れの中から浮上したのが「ご近所ピッツェリア」特集だったと言えます。

レストラン以外の専門技術を学ぶシェフの増加

このピッツァ特集で見えてきたことが二つありました。ひとつ目が「専門技術志向」。二つ目が「専門店志向」です。この二つは同じように見えて、微妙に違います。そのことには後ほど触れるとして、まずは「専門技術志向」の流れからお話ししましょう。

「ご近所ピッツェリア」特集の取材で明らかになったのが、現地修業者比率の高さでした。特集に登場した25人の日本人ピッツァ職人中13人が現地修業組。ひと昔前、イタリアへ修業に行くのはもっぱら料理人でしたから、いまやピッツァも本場で学ぶ時代なのだなと目を見開かれる思いでした。よくよく考えてみれば、ピッツァとは、生《き》地《じ》の状態や感触、窯《かま》の扱いを身体に叩き込ませることが必要な食べ物です。これこそ本場で学ぶべきアイテムなのかも、とも思うのですが。

ちょうど同じ頃のことです。海外帰りの料理人が、レストランでの仕事のほかに「肉屋で働いた」「ワイナリーで働いた」といったように、レストラン以外の修業経験を語るケースが増えてきたのは。たとえば、東京・西荻窪の「トラットリア29」の竹内悠介さん。キアンティの「チェッキーニ」(トスカーナの肉文化を代表するカリスマ肉屋)で10カ月間、肉の解体や熟成をみっちり学んで帰国しています。東京・代々木八幡「オストゥ」の宮根正人さんも肉屋で解体を学んだほか、チーズ工房の仕事を経験。

これはイタリア料理人に限った話ではなくて、フレンチでは元「ラール・エ・ラ・マニエール」(東京・銀座)の清水将《すすむ》さんがパリ随一と評判の肉屋「ユーゴ・デノワイエ」に半年間勤務、「祥瑞《しょんずい》」（東京・乃木坂）の茂野眞《まこと》さんもレストラン修業と並行して休日に同店で働き、肉を学んだと言います。彼らが口を揃《そろ》えて言うのが、「解体から手掛けることで、牛や羊、豚などの体の構造と部位の特徴を理解できた。それによって、手元に届いてくる肉の見極めが可能になり、より適切な扱いと調理が施せるようになった」。

料理人自体が専門職のように見えますが、料理人の立場に立って見ると、扱う素材として肉があり、魚があり、野菜があり、調味料があり、各々が果てしない広がりを持つ専門分野として存在している――というのが実態です。専門分野の集合体の真ん中にいるのが料理人とも言える。料理のクオリティを上げるには、優れた素材の入手が不可欠ですが、そのためには、素材を見分ける眼が必要、もっと素材を知らねば――と、つい専門領域へと踏み込んでしまうのでしょう。とりわけ、イタリアンやフレンチといった欧州の肉食文化を土台に発展してきた料理技術を高めようと思ったら、肉を知らねばとの思いが湧き起こるのは当然かもしれません。

素材のバックボーン領域へ身を投じようという欲求は、料理人ばかりでなくソムリエにも見受けられます。私の知る中でその傾向が顕著なのが、「銀座レカン」のシェフ・ソムリエの大越基裕《おおこしもとひろ》さんです。

大越さんは、2006~2008年の2年間、「銀座レカン」を休職して渡仏、ブルゴーニュでワイン造りを勉強しました。CFPPA（ブルゴーニュのボーヌにあるワインの職業教育機関）で栽培・醸造学のコースに1年間通った後、ディジョンのブルゴーニュ大学でDTO（認定醸造技師）を修めています。その傍ら、ヴォルネイの老舗《しにせ》ドメーヌ（ぶどう栽培から醸造まで一貫して手掛けるワイナリー）「ジョセフ・ボワイヨ」でワイン造りに携わり、時間ができると、フランスのみならず、ドイツ、ハンガリー、オーストリア、スペインと欧州中のワイナリーを巡ったといいます。

当時、共に学校に通い、一緒にワイナリーを巡った仲間は今、北海道でワイナリーを立ち上げていることからも分かるように、大越さんがフランスで習得したのはワイン造り。それは自分でワインを造るためではなく、あくまでソムリエとしての技能を向上させるためでした。大越さんはその理由を次のように語っています。

「造り手と一緒にテイスティングしていたとき、僕が『こういうところがいいですね』

と言うと、彼は『こうすればもっとよくなるのに』と言う。僕がワインの中に〝ある〟要素に言及するのに対し、彼は〝ない〟要素を指摘する。ああ、造りを知っている彼には足りないものが見えているのだと気づきました。自分もワイン造りを実践的に学んだら、もっと深くワインを理解できるのではないかと思ったんですね」。

イタリアで専門技術を学んで惣菜屋を開く

バックボーンを知ることで、食材をより根っこの部分から考えられるようになり、調理やサービスのテクニックが向上する——料理人やソムリエが、隣接する専門技術を学んで帰る背景には、そんな欲求があると言えます。料理人がソムリエの資格を取る場合も、目的は同様でしょう。ワイン好きが高じてという人もいるでしょうが、多くはワインと料理のマリアージュを図るうえでワインの知識があったほうがいいと考えるのだと思うのです。

そんなかで、料理人にしてソムリエの資格を取るに留まらず、大越さん同様、ワイン造りにまで深く入り込んでいったのが、鎌倉「オルトレヴィーノ」の古澤一記《かずき》さんです。古澤さんがイタリアに渡ったのは、2000年。この時点ですでに古澤さんは「料理とワインを等しく高い次元で学びたい」と考えていました。彼にとっては料理とワインが完全に一対にして一体の存在なのでしょう。

トスカーナ、サルデーニャ、エミリア・ロマーニャ、プーリアで料理人として8年間働き、うち、トスカーナでは3年間シェフを務めています。

そのあいだに、ソムリエ国家試験のためのコースに3年間通って、資格を取得。2007年にはフィレンツェの名店「エノテカ・ピンキオーリ」にソムリエとして入り、翌2008年からは2年間、トスカーナのワイナリー「ポデーレ・ポッジョ・スカレッティィ」（世界的に著名なワインコンサルタント、ヴィットリオ・フィオーレとその息子ユーリが営む）でワイン造りに携わりました。

2年間、毎日畑で土を踏みしめながら、ぶどうを育て、ワインを造った経験は、古澤さんのワインと向き合う姿勢を変えたと言います。「品種がどうこうより、適切な時期に収穫されただろうかとか、仕込みのとき、タンクはホコリひとつなく磨き上げられただろうかといったことに意識が向くようになった」。

そんな古澤さんが日本で店を開くにあたって選んだ道は、レストランではなくエノガストロノミア（ワインと食材を扱う惣菜屋）でした。修業先のおばあちゃんたちから教わった家庭料理の持ち帰りができて、店でも食べられる。古澤さん手打ちのパスタ、古澤さんが選んだモルタデッラ（ボローニャソーセージ）やチーズ、瓶詰め食材やパスタ、300種類のイタリアワインが買える店です。内装はアンティークの家具や食器を専門とする奥様の千恵さんコーディネートによるもの。つまり、この店を構成するのは、イタリアの調理技術やワインの知識にもまして、それらの土台となったイタリアの長い歴史の中で培《つちか》われた生活の営みなのです。

ヒエラルキーのない世界への志向

エノガストロノミア「オルトレヴィーノ」は、私にとって、ひとつの啓示でした。古澤さんは「イタリアで知った〝良い物が日常にある幸せ〟を伝えたくて、エノガストロノミアというスタイルを選んだ」と言います。料理とワイン、その両方をイタリアの大地に根を張って学んだ経験がそうさせたのかもしれませんし、トスカーナ郊外の築200年の一軒家に住むような、現地の人々の日常に溶け込む生活（古澤さんはこの家をイタリア滞在時の住まいとして今も残しています）から発想したことなのかもしれません。

要因は複合的なのだと思いますが、いずれにせよ、イタリア本国でトップレベルの修業を重ねながら、アウトプットの形がレストランではなかったという事実は、私にとって衝撃でした。レストランというスタイルの行方を考えさせるだけのインパクトがあった……。第1章で語ったバルの進化にレストランがいらなくなるのではないかとの思いが頭をかすめたこととあいまって、日本のシェフたちはこれからどこを目指すべきなのかを考える指針となりました。

「ご近所ピッツェリア」特集の巻頭に登場する東京・小伝馬町《こでんまちょう》のピッツェリア「イル・タンブレッロ」の大坪善久さんは、記事の中で「ピッツァはヒエラルキーのない食べ物」と言っています。「お金のある人もない人も3ユーロそこそこでありつける」と。そのヒエラルキーのなさが、日本におけるピッツェリアの浸透力と無関係ではないように思います。「エノテカ・ピンキオーリ」というイタリアンのヒエラルキーの頂点に立つレストランでの経験を持ちながら、古澤さんが選んだのもヒエラルキーのない世界なのだなと、私は思うのです。

と同時に湧き上がるのは、第1章でも書いたバリアフリーな感覚です。「レストランの場合、そこに来ないと味わっていただけない。けれど、お惣菜ならば、家庭の中へ入っていける」と古澤さん。〝良い物が日常にある幸せ〟とは、そういうことなんですね。古澤さんが10年にわたって自分の中に蓄積してきた技術をより多くの人々にフル活用してもらおうと思ったとき、開くべきはレストランではなかったわけです。

専門店化するイタリアン

2005年以降、日本のイタリア料理の世界には絶えず新しい動きがありました。それは、レストラン界全体に問題提起する動きだったと言えます。まずは、2007年からの地方イタリアンブーム。「庄内イタリアン」を掲げた山形の「アル・ケッチァーノノ」を先駆けとして、和歌山「ヴィラ・アイーダ」や青森「オステリア・エノテカ・ダ・サスィーノ」など、地元に根を張るイタリア料理の若きシェフたちが注目を集めました。

彼らを支えるのは、本国の料理のあり方です。よく「イタリア料理なんてものはない。あるのは、地方料理の集合体だ」と言われます。それはそうなのです。「イタリア」という国ができたのが1861年、たかだか150年前のことです。フランスが昔から中央集権国家であるがゆえに、「フランス料理」という厳然たる体系ができあがっていて、メソッドとして世界流通しているのとはちょっと違う。取材する度に思います。フランス料理は体系だ、イタリア料理は現象だって。現象って言いたくなるくらい、個々の事例が異なっているんです。

土地ごとに気候が変われば食材も変わる。加工法も変わる。だから、料理も変わる。それらが生き続けているのがイタリア料理の世界。その土地の食材あっての、その土地の料理。彼らは、日本のように世界中から食材を取り寄せることが贅沢《ぜいたく》なんて、これっぽっちも思わない。イタリアへ行ったとき、イタリア人から言われました。「ここに食べ物があるのに、なんで他所《よそ》から持って来なければいけないか?」と。

とすれば、日本でイタリア料理を作る意味とは何なのか？　イタリアから食材を取り寄せて、イタリアと同じ味を再現することではないんじゃないか？　それよりも、イタリア仕込みの技術を使って、イタリア人と同じように、自分が立っている土地の食材を調理することが、本当の意味でイタリア料理を作ることになるのではないか？　地方イタリアンと呼ばれる彼らはそう考えたんです。

土地を味方につけた彼らの仕事は、厨房《ちゅうぼう》で料理を作るに留まらず、畑で野菜を作ったり、「ダ・サスィーノ」の笹森通彰さんなどに至ってはチーズも生ハムもワインも自分で造るという全方位型クリエイション。料理人の新しい生き方として注目すべき存在です。

そして、次に注目すべき2010年からの動きが前述の「ご近所ピッツェリア」、つまり専門技術志向ですが、もうひとつ注目したいのが「専門店化」です。その様子は『料理通信』2012年10月号で「イタリア系　小さな食の専門店」として特集したばかり。

この企画は、「ご近所ピッツェリア」特集がきっかけでした。担当者が取材の中で「イタリアには、揚げ物専門店があって、『フリッジトリア』って呼ぶんですよ」と聞いてきたのが始まりです。それでなくとも、イタリアの飲食店は、リストランテ、トラットリア、オステリア、ピッツェリアなど、いろんな業態があるうえに、聞いてみれば、トリッペリア（トリッパ屋）、フリッジトリア（揚げ物屋）、サルメリア（サラミ屋）、パニーノテカ（パニーニ屋）……と、かなり細分化されているらしい。しかも、その細分化が少しずつ日本のイタリアンにも反映されつつあるらしい。というわけでの特集でした。

細分化されるのは、イタリア人の考え

『料理通信』2012 年 10 月号、特集「イタリア系　小さな食の専門店」

方が「餅《もち》は餅屋」だから。先の「オルトレヴィーノ」の古澤さんの奥様・千恵さんの著書『とっておきのフィレンツェ／トスカーナ』(筑摩書房、2012年)を読んでいると、イタリアでは、ワイン屋でも、トリュフ屋でも、トリッパ屋でも、サラミ屋でも、ジェラート屋でも、サンドイッチを販売していることに気づきます。もちろんサンドイッチ専門店もある。それらのどの店も絶対にパンはパン屋から買ってくるのだそうです。

日本だったら、「パンも自家製」といった打ち出し方をしがちで、それがありがたがられたりもする。自分でパンを焼く店が出てくるに違いありません。でも「イタリア人は自分でパンを作らない」と聞いて、専門を大事にするのだなと思ったのですね。千恵さんは言います。「自分で焼くことはしないけれど、自分が作るトリッパにどこのパンが合うのかはよく研究していて、最もよく合うパンを選んでいます。プロの仕事を尊重するのでしょうね。だからこそ、自分の専門でない部分はその道のプロに委ねるのでしょう」。

狭い間口で一点突破する小さな専門店

あえて間口を狭くする。自分の領域を狭く設定する――イタリアンだけでなく料理界全体において、最近、その傾向が強くなっているのを感じます。第2章で書いた素朴系女子の焼き菓子屋などはその先駆けだったのかもしれません。対象を狭く設定することで、興味のある分野だけで勝負ができて、マニアックな面白みが発揮できる――フレンチもイタリアンも、スイーツもパンも、伝統的なスタイルも新しいスタイルも、ひと通り出揃ってしまった今、何によって差別化を図るのかを考えたとき、「狭く勝負する」という生き方が浮上してきたのかもしれません。

「イタリア系　小さな食の専門店」で紹介した店には、生ハム・サラミ専門店「サルメリア69」、トリッパ屋「ワインバー ame」、フォカッチャ専門店「ローザ ネーラ」、揚げピッツァ屋「フリッツK」、ジェラート屋「アクオリーナ」、といったアイテム専門店のほかに、一杯飲み屋「メッシタ」(スタイルとして専門性を高める)、マルケ料理「ラ・チチェルキア」(料理の領域をより専門的に設定)などがあります。

「間口を狭く」と聞くと、入りにくそう、使い勝手が悪そうな印象を受けますが、むしろ逆です。間口が狭い分、入りやすい。ちょっと想像してみてください、パン屋、お菓子屋といった販売店に比べると、そこで過ごさなければならない飲食店は入りにくい。なおかつ、メニューを見なければ何が出てくるか分からない店は、なお入りにくい。蕎麦屋、ラーメン屋、カレー屋といったように、何が出てくるか分かっている店は、その分、入りやすくなります。アイテムが限られていて、日常使いできる設定にすれば、よほど入りやすい。「間口は狭く」「敷居は低く」。「サルメリア69」などは狭い分「奥が深い」。

もしかしたら、専門店化こそ料理のヒエラルキーからの解放なのではないでしょうか。以前、イタリア料理研究家の案内でイタリアを北から南へと下りながら視察したことがあります。そのとき、次のような説明を受けました。「イタリア料理にはクチーナ・リッカ（富める者の料理）とクチーナ・ポーベラ（貧乏人の料理）があって、たとえばリストランテは前者、トラットリア（地元に根付いた日常的な料理を提供する飲食店。設えや雰囲気もカジュアル）は後者に属する。前者は外国の影響を受けるためフランス料理などとの類似点が多く、後者はそこから動かない土着の伝統料理。後者こそ真のイタリア料理だ」。

つまり、「トラットリア万歳！」と言っているわけですが、「トラットリア万歳！」が「民衆万歳！」に聞こえなくもない。フランス革命以前の貴族と平民の関係（アンシャン・レジーム！）のような、リストランテが上、トラットリアが下というヒエラルキーを想起させて仕方がなかったのでした。くわえて「オステリアは定食屋とか居酒屋みたいなもの」と言われると、「トラットリアの下にオステリアがあるってことか？」となる。

しかし、細分化が進むと、縦の関係では収拾がつきません。横に広がった地平に多様なジャンルやスタイルが林立しているイメージですね。何より専門とは横並びの関係です。階層化では語れない。

「一点突破」という言葉があります。料理人を描くことにおいて私が最も信頼を寄せるもの書きの宮下裕史さんが時々使います。たった一点でいい、他を圧するほどに秀でることによって高い評価と信頼を得るといった意味合いでしょうか（宮下さんいわく「〝ある種の英断〟、〝何かを得るために何かを切り捨てる〟というような、ささやかな覚悟に付随してくる言葉」)。

前述の「ラ・チチェルキア」はオステリアです。ヒエラルキー的には下のほうに位置するのかもしれません。作るのはモツや豆が多用される料理。価格帯も高くありません。けれど、「マルケ」(イタリア中部の小さな州)料理という一点において、他の店はどこも敵《かな》わない。少し前の流行り言葉で言うところのオンリーワンです。専門店化とは、「一点突破」によって他より頭ひとつ抜きん出る可能性を拓《ひら》いてくれる道筋かもしれません。

社会との効果的な接点を見つける

今、その「一点」を見つけようとする若者が増えているように感じられます。先人たちによって、あらゆることがやり尽くされた感のある今、自分たちは何をやればいいのだろうとの思いもあるでしょう。経済が低迷し、普通に店をやっても存続し得る保証がない社会状況の中で、他との差別化を図って細く長く生き続けるべく「一点」

を探し求めているのかもしれません。

それは、つい最近、若い傘作家をインタビューした折にも感じたことです。彼は大学でテキスタイルを勉強中に、そのテキスタイルを傘という形にして作品化することをひらめいたそうです。テキスタイルは素材だけれど、傘は生活道具です。「to B」ではなくて「to C」になって、直接、使う人の手に届く。ビニール傘全盛の時代に、あえて、布の図柄からオリジナルの手製という存在価値は稀少《きしょう》でしょう。「傘という表現方法を発見した」という言い方をしていましたが、「傘という差別化の方法を発見した」ということですね。

これは今の若い世代に共通する社会へのアプローチなのではないかと思います。自分と社会とのより効果的な接点をどう見出すか。自分が学んだもの、好きなものが活《い》きて、かつ、社会が必要としてくれて、できるだけありふれていないほうがいい。「オルトレヴィーノ」のエノガストロノミアも、「ラ・チチェルキア」のマルケ料理も、そんな〝一点〟だったのではないでしょうか。

富士ゼロックスのＣＭを見て「Solution for you」と聞く度に思うのです。ジャグリングするだけでは誰もふり向いてくれない。でも、そこにキーボードがあって、ジャグリングで音楽を奏《かな》でた途端、みんなが釘づけになる。何の世界でも、あのキーボードに相当する何かを見つけることが、社会に受け入れられるために必要なのだな、と。

社会との接点であると同時に、その入り口でもある、というのが最近の専門店化の傾向でしょうか。「イタリア系　小さな食の専門店」特集には、プロ度の高くない事例も出てきます。1アイテムだったら自分にもできそう、小さな物件でいいし、資金が少なくて済むし、といった気持ちで参入するケースも少なくない。ほら、前にも書きましたよね、専門店は「間口は狭く」「敷居は低い」って。それは営む側にとっても同じなのでしょう。掘ろうと思えば奥が深いが、とりあえず敷居は低い。いつの時代も活性化するのは、多くの人が参入しやすい領域なのです。先に、「専門技術志向」と「専門店志向」は同じように見えて違うと書いたのは、この部分です。

レストランは非日常から日常へシフトする

先達にやり尽くされ、経済が低迷する中で、自分は何をやれば生きていけるのかとの思いが「一点」を探し求めさせるわけですが、そもそも、今、「どうしたら、生き残れるのか？」を悩まない店主はいないでしょう。『料理通信』２０１2年5月号の「シェフ１００人」特集を、「必要とされる店になるために」というテーマのもとに敢行したのは、じわじわと広まりつつある「バルで十分」という気分に対して「レストランはどうあるべきか」という問いかけがあったからでした。

フランス料理やイタリア料理に憧《あこが》れて、本場で修業して帰ってきて、フランス料理店を開きました、イタリア料理店を開きました、というだけでお客さんが入る時代は終わっています。おいしい料理を食べさせるだけの場所では必要とされない時代に入ってしまった。おいしい場所プラス何か社会的な役割や意味合いを持たないと、存在意義が認められにくくなっている社会状況が明らかにあります。

「必要とされる店になるために」というテーマ設定のきっかけとなったのが、前述の「オルトレヴィーノ」。古澤さんがイタリアで習得してきた知識や技術のアウトプットとして、レストランではないスタイルを考えたという事実です。繰り返しますが、古澤さんは「イタリアで知った〝良い物が日常にある幸せ〟を伝えたくて、エノガストロノミアというスタイルを選んだ」と言います。5年くらい前まではよく言われたものです。レストランは非日常の喜びを提供する場だと。もしかしたら、今、シェフたちが考えなければいけないのは、非日常の喜びではなく日常の喜びを提供することではないか？

日常へのシフトはどうやら食に限った話ではなさそうです。今年（2012年）の7〜10月、東京都現代美術館で「Future Beauty 日本ファッションの未来性」という展覧会がありました。日本のファッ

『料理通信』2012年5月号、特集「シェフ100人」

ションが持つ創造性と、その力強いデザインに潜む文化的背景に焦点を当てた内容で、2010年にはロンドンのバービカン・アート・ギャラリーで、翌年にはミュンヘンのハウス・デア・クンストで開催され、高い評価を得ています。日本で開催されるにあたり、「日常にひそむ物語」というセクションを新たに設け、今後の方向性を示唆する若手デザイナーの作品も併せて紹介されました。

展覧会のチラシによれば、1980年代は〝脱構築と革新〟、1990年代は〝生きるコンセプトを「Attitude（態度）」として見せる世代の表現〟、2000年代は食べる、眠る、おしゃべりをするといった〝日常の行為＝「Behavior（ふるまい）」をもとにした「共感」世代のデザイン〟と評されています。これを読んで、「今活躍する世代の表現が日常へと入り込んでいるのは、衣も食も一緒だ……」と感慨深かったですね。事実、80年代のファッションが難解で着方が分からないような服ばかりなのに対し、「日常にひそむ物語」の展示室にはごく普段着に見える服（こだわりの素材と高度な技術で仕立てていると思うのですが）ばかり並んでいたのが印象的でした。

レストランにはおいしさを超えた存在価値が必要

しかし、非日常の喜びで勝負したいシェフもいるはずです。レストランというスタイルで表現したいシェフたちは自分の存在意義をどのように考えていけばよいのか？そこで、「シェフ100人」特集では、シェフたちが担っていると思われる8つの役割を列挙してみました。

1　料理を前進させる
2　技術・文化を伝承する
3　食材・生産者の価値を高める
4　地域を活性化する
5　家食から外食までを担う
6　レストランをスリム化する
7　新しいスタイルを提示する
8　人材を育成する

もはや単においしいだけの店は生き残れないのではと、私は考えます。そして、レストランの今日的価値として、おいしい料理を提供する場所であることに加えて、こういった役割を果たしているとすれば、これは日常的な社会貢献です。レストランのそういう側面がもっと認められてもよいのにな、と思うのです。

象徴的な例が、ご存じ山形県鶴岡市のイタリア料理店「アル・ケッチァーノ」の奥田政行シェフでしょう。奥田シェフの存在は、地元・庄内の生産者たちとの深い交流の上にあります。彼らが作る食材や、山菜、在来作物といった地のものを徹底的に使い、自らの料理を「庄内イタリアン」と呼ぶことによって、鶴岡に行かなければ食べられないイタリア料理店という認知を広めたのでした。

「アル・ケッチァーノ」を目指して全国から人が訪れるようになり、結果、食材や生産者までもがクローズアップされることに。その販路拡大にも一役買ったと言えます。やがて、東京・銀座の山形県アンテナショップ「おいしい山形プラザ」に「ヤマガタサンダンデロ」をオープン。地元の経済活性に貢献してきたことは間違いありません。

希少品種や生産量が少なくて流通に乗らない食材を使い続けたり、食材の新しい使い方を見出したり、レストランだからできることは少なくないと思うのです。

たとえば、レストランの存在によって、新たな価値が生まれた一例が赤身肉でしょうか。サシ（脂身）信仰の強い日本において、赤身の価値を知らしめたのはレストランである、私はそう信じて疑いません。フランスやイタリアで修業したシェフたちにとって、牛肉と言えば赤身です。草を食べて育った牛の、ガシガシ噛み締めて旨味《うまみ》の出る肉質を求めます。サシたっぷりの黒毛和牛では、現地で習得した味が表現できないと彼らは口を揃えます。

レストランでは羊や鴨《かも》、鳩やうずら、冬にはジビエ、最近では夏鹿も人気といった具合に、多種多様な肉を扱うだけに、牛の使用比率は元々低いのですが、使う場合、フランスやイタリアの肉質に近い赤身質の短角牛を選ぶシェフが多い。ヨーロッパの食肉文化を体験してきたシェフたちが赤身にこだわるのは、「脂肪」ではなく「タンパク質（アミノ酸）」の旨味こそが肉のおいしさと思うからです。

赤身に対して、どのくらい火を入れて、どんな旨味の引き出し方（焦げた香ばしさか、肉汁が駆け巡る旨味か、レアの生々しい肉々しさなのか、等々）をするかが腕の見せ所というわけです。脂肪が少ない分、火を入れ過ぎればバサバサになりかねないだけに、熱源を選び、人によっては数種類の熱源を駆使して、試行錯誤を重ねて探り出した温度帯と時間でもって焼き上げます。でも、そのおかげで、赤身のおいしさに気づく人が増えたことは紛れもない事実なのです。「赤身熟成肉」ブームが起きて、熟成肉専門店が登場するまでになり、最近は、テレビで盛んに「あか牛」（褐毛和種で赤身質）のCMが見られます。

東京のシェフは「料理を前進」できるか

前述の「1」から「8」まで、レストランの社会的役割は思ったより幅広いけれど、真に担うべきなのは「1」であると、私は考えています。「料理を前進させる」という役割は、一見研究機関が担えばいいように思えるかもしれませんが、それは違います。なぜかと言えば、料理とは食べ手がいて初めて成立するものだからです。口を通過して咀嚼《そしゃく》されない限り、料理はただの物体にすぎないのです。どんなに革新的な料理も不特定多数の食べ手の賛同を得なければ、本当に革新的なのか、おいしさの範《はん》疇《ちゅう》にあるものなのか、判断のしようがない。そのあたりは、聞き手がいなければ存在しないに等しい音楽と似ているような気がします。知覚されて存在が確定するという性質の芸術です。

東京がなぜ、世界一ミシュランの星の数が多い都市になったのかと言えば、フランスやイタリアで修業を重ねた料理人が数知れずいて（フランス、イタリアを問わず、どんな田舎のレストランへ行っても必ず日本人が働いているのには驚くばかりだ、とよく言われたものです）、雇われであれオーナーであれ、彼らが技術を守っているからだと思っています。彼らは、本国から著名なシェフが来て講習会を開くと聞けば駆けつけ、話題の店があれば海外までも足を伸ばして、技術のアップデートに努めてきた——そんな上を目指し続ける気持ちが東京のレストランの底上げを図り、世界一星の多い都市の座を射止めたのだと思うのです。

しかし、レストランへのニーズが低下しようものなら、日本の料理人の層の厚み、技術の高さが維持できるかどうかは保証の限りではないでしょう。最近、フランスやイタリアで修業中の若者が現地でシェフを務める、現地で店を開くケースが増えてきました。それは、日本ではクリエイティビティで勝負できない、クリエイティビティへの正当な評価が得られるとは限らない、と思うからではないかと思えてなりません。

パリで「パッサージュ53」をフランス人と共同で営む佐藤伸一さんは現在ミシュラン二ツ星。同じくパリ「レストラン・ケイ」の小林圭さんはオープンから1年で一ツ星を獲りました。クリエイティビティで勝負して、ちゃんと結果が付いてきている彼らの活躍を見たら、東京では勝負しない料理人が増えていくのではないかと危惧してしまいます。

感覚を前進させる鑑賞の場

レストランの料理を味わうことには、「食事をする」とは別の意味があります。栄養を摂るとかお腹を満たすといったこととは別の意味です。

なぜ、料理人が火入れに心血を注ぐのかと言えば、同じ食材でもせっかくなら最高の状態を体感してほしいからに他なりません。『料理通信』では時々「頂点の味」という表現を使いますが、食材は、温度によって、切り方によって、火の入れ方によって、異なる状態を呈《てい》し、味も香りもテクスチャーも違ってきます。頂点へ持っていけるかどうかが料理人のセンスと腕の見せ所です。

従来は、得てして頂点、つまり理想とする状態の共通認識があり、多くの料理人が同じ到達点を目指していたものですが、最近は、従来の価値観とは異なる状態へ、むしろ誰も知らなかった局面を火入れによって切り出して見せることに価値を置く料理人も増えてきました。シェフによって頂点が多様化してきたと言えばよいでしょうか。

食べる側もそこを感じ取らねば、シェフが表現しようとしていることを受け止めたことになりません。五感をフル動員してキャッチする必要がある。つまり、シェフが食べ手に投げかけてくる料理には、「こんな食感、体験したことありますか?」「この香り、どうですか?」とこちらの感覚を刺激してくるポイントが詰まっている。美しい曲の流れの中に技巧が微細に詰まっている音楽の演奏と一緒です。

音楽が主として耳で感じる芸術とすれば、料理は味覚や嗅覚で感じ取る芸術。饗応《きょうおう》のためのレストラン空間の中で、プロによるサービスを受けながら、料理やワインを享受するということは、劇場でオペラを聴くようなもの――その体験価値を私たちメディアがもっとアピールすべきなのでしょうし、レストランサイドも〝鑑賞の場である〟という性格をもっと特化させてもよいのかもしれません。

その点、大阪「HAJIME」の米田肇《はじめ》シェフは意識的です。米田シェフは言います。

「人々の感覚を前進させることが自分の役割」と。「かつて体感したことのない味わいを感じてほしい。新しい味覚が切り拓かれていく喜びを提供することが私の仕事だと思う」。

「HAJIME」は２０１２年５月末から一日一営業とし、コースの料金を２６２５０円に上げました。東京の三ツ星「カンテサンス」の夜のコースが１８９００円（２０１２年12月〜）ですから、「HAJIME」のほうがはるかに高い。日常が入り込む隙のない価格設定と言えましょう。この価格になると、いわゆる晩御飯を食べる感覚で人は来ません。くわえて、高額な分、料理やサービスに対する客の評価はシビアになるでしょう。つまり、「HAJIME」は鑑賞の場という性格を特化させたと言えるのかもしれません。

ジャンルを超えて「個人料理」化する若手たち

初めて米田さんの取材をしたとき、印象に残ったのが「自分の作る料理はもはやフランス料理ではない」との言葉でした。その際、例として挙げてくれたのが肉焼きです。「ひと塊の肉に対して、フライパン、オーブン、サラマンダー、遠赤外線温蔵庫、炭火という5つの加熱法で焼き上げる。こうなると、もはやフランス料理におけるロティ（ロースト）とかグリエ（グリル）といった概念を超えていて、それらの言葉で表現することはできない」。フランス料理の技法によるフランス料理的焼き上がりを目指しているわけではないのだから、フランス料理ではないということですね。

なぜ、5つもの加熱法を駆使するのかと言えば、「たとえば背肉というひとつの部位でも、脂肪、骨の周り、筋、赤身と組織が異なり、赤身も場所によって身質が違う。各々の成分や肉質に最も適した火入れを施そうと思うと、ひと塊の肉に対して複数の加熱法を駆使することになる」から。そこにある食材に対して最適と思われるアプローチを施すということであって、何料理でもない、「米田の料理」だ、と。あえてカテゴライズするならば「ガストロノミー」と言うしかありません。

元来、料理とは気候風土・民族・歴史の上に形作られており、フランス料理やイタリア料理、厳密にはアルザス料理やトスカーナ料理といったように、エリアによって分類されてしかるべき性質のもの。人・物・情報の行き来に時間や労力が必要だった時代においては、エリアごとの個性が守られ、そこへ行かなければ食べられないし、学べないものでした。しかし、インターネットが普及して、瞬時にして情報のやりとりができるようになると、瞬《また》く間に互いの影響を受け合い、エリアの固有性は消滅していく傾向にあります。

料理人たちもジャンルの境界を軽やかに超えるようになった。ミシュラン関西版の三ツ星、神戸「カ・セント」の福本伸也さんはイタリアで3年修業した後、スペインでさらに5年の経験を積みました。大阪「Fujiya1935」の藤原哲也さんもイタリアで2年働いた後にスペインで1年という経歴の持ち主です。奈良「アコルドゥ」の川島宙さんはフレンチの修業をみっちり積んでからスペインへ行った。みな、ガストロノミーの最前線の店で働いていています。彼らの料理の考え方や技術には、イタリア料理の要素もあり、スペイン料理の要素もあり、フレンチの要素もあり、最新機器と技術ありで、もはや何料理とは名乗れないのが実情でしょう。

この10年は世界的に料理学会も活発化し、技術の共有が進んでいます。もはや、エリアによる差異は少なくなり、必然的に差異は個人に負うもの、個人の料理という側面が強くなっているのです。

食べる行為を通じて、自然環境保護を訴える

料理人が社会に対して果たしていくべき役割を考え続け、世界のトップシェフたちと手を携えて実践している一人が、東京・青山「NARISAWA」の成澤由浩《なりさわよしひろ》シェフです。

「今夜、このテーブルに座ったお客様だけでなく、100年後、200年後の人々も幸せにできるかどうかを考えて料理を作らなければいけない。そのために、今、僕たちにはなすべきことが山ほどある」と成澤さんは言います。

レストランで日々、自然への意識喚起を促すメッセージ性の高い料理を提供するほ

かに、デンマーク「ノーマ」のレネ・レゼピやブラジル「D.O.M.」のアレックス・アタラといった世界のトップシェフたちと環境保護活動「Cook It Raw（クック・イット・ロウ）」に参画。2011年11月には「Cook It Raw」のメンバーと石川県を訪れ、自然と共生する日本の里山の営みを視察しました。

1996年に店を開いて以来、成澤さんがいつも言葉にしてきたのが「料理人は素材を超えられない」とのポリシーです。シェフにとって、素材を生み出す自然は常に畏敬の対象だったと言えるでしょう。生産者との交流を深め、山や森に入るようになるにつれ、成澤さんの料理はメッセージ性を強めていきました。

大地に根を張る人々へのオマージュとして生まれたのが「土のスープ」（土が付いたままのゴボウをベースとするスープ。2004年以来、バージョンアップを続けている）。「彼らが育てているのは（野菜にもまして）土である」との解釈を形にした料理で、スペインの人気レストラン「エル・セジェール・デ・カン・ロカ」のシェフがそのコンセプトに共鳴するなど、世界に影響を与えています。山へ足を運ぶようになって生まれた「水のサラダ」は、雪解けの頃の湧き水の周囲に天然のクレソンや芹《せり》、山葵《わさび》が生えている景色を表現した皿。

そして、森の奥へと歩を進めてからは、「森を食べる」というコンセプトを打ち立てるに至りました。様々な種類の木を、茹《ゆ》でたり、薄く延ばしたりと、数限りなく試行錯誤を繰り返した結果、「だしをとる」「パウダーにする」という二つの方法にたどり着き、前者は「森のエッセンス」（薄板状の楢や杉でだしをとるように風味を抽出して、木をくり抜いた小さな器で提供）として、後者は栗の木のパウダーをパン生地に混ぜ込んで客前で焼き上げて提供されます。

土にせよ、木にせよ、食べ物としてのイメージが薄い素材をなぜ、あえて料理にするのか？　その理由を、成澤さんは次のように語ります。

「食べることで、人はそのことを真剣に考えるようになります。土のスープですって、お客様にお出しすると、初めての方は思わず窓の外を見るんですよ。『えっ、まさか、ここの土じゃないよね』って思うんでしょうね。そこで初めて彼らは安全な土とは何かを考える。食べるという行為に直面して初めて、自分のこととして真剣に考えるのでしょう。だから、僕は料理という形にして働きかける」。

この言葉の説得力は、震災後、いっそう増したと言えるでしょう。放射能の恐怖に直面して初めて人は原発の是非を真剣に考えるようになった。この水、飲み続けて大丈夫だろうか、この野菜、基準値をクリアしているのだろうか……内部被曝《ひばく》が自分や家族にも起こり得ると知って、人々は一気に、原発とは国の問題ではなく自分の問題であると受け止めたのです。食べるという行為が何より強いメッセージ性を発揮して、人々に想像を促し、行動を起こさせることは、いまやレストランにできるひとつの社会的提案だと思います。

自然と共生する日本の食文化への眼差し

木をくり抜いた器で供される「森のエッセンス」。栗の木のパウダーを混ぜ込んで、客の目の前で発酵という自然の力を発揮させてから焼かれるパン生地、苔《こけ》を模したバター、真っ黒い石のようなタマネギのベニエ（揚げ物）など、「NARISAWA」のテーブルで繰り広げられるのは、食材を用いた自然表現です。

ひるがえって、冬のフランス料理店で、ジビエの山鳩や山鶉《やまうずら》が縦真っ二つに断ち開かれ、シンメトリーに盛り付けられて供される様は、人間の支配力の誇示であるかのよう。第1章で記した、自然を支配するフランス庭園のデザインと共通する意識が、そこには横たわっているように思います。成澤さんは店名を「Les Creations de NARISAWA（レ・クレアシヨン・ド・ナリサワ）」から「NARISAWA」へと2011年11月に変えました。その背景には、フランス的メンタリティとの決別、日本の精神風土の上にクリエイションを展開していこうとの意思が感じられてなりません。自然との共生を深く考えていったとき、支配ではなく、自然に生かされている感覚の表現へとシフトしていったことが大きいのではないか、と私は勝手に想像するのです。

「NARISAWA」のコースの冒頭で真っ黒な石のような物体が出てきて、手で摑《つか》んで食べるようにと促されたとき、私の頭には「温石《おんじゃく》」という言葉が思い浮かびました。温石とは、平安時代末から江戸時代にかけて、暖をとるために石を温めて布にくるみ懐中に入れた、その石です。懐石料理という言葉はこの「温石」から来ていて、ささやかな食事で来客の懐《ふところ》を暖めるという意味合いが込められていると言われます。

「NARISAWA」のテーブルで、その温石を思い浮かべさせる一皿が出てきたとき、成澤さんは自然への意識喚起に加えて、日本の文化の現代的表現を試みているのだと思ったのです。

食は「おいしい」の次のステージへ向かう

「Cook It Raw」のメンバー、レネ・レゼピやアレックス・アタラが料理を通して自分の住む土地を表現し、その土地の上に生命の存続があるのだというメッセージを送り続けているありようを見ていると、「おいしい」「おいしくない」といった言葉を簡単に発することにためらいが出てくるのも事実です。世界のガストロノミーの先端は、「おいしい」の次のステージへと入った感がある……。

もちろん、料理人の誇りにかけて、美味の追求は言うまでもないことでしょう。「エル・ブジ」のシェフ、フェラン・アドリアは新しい技法の探求と共に人間の「おいしい」感覚の拡張に挑み続けた。今、レネや成澤さんの世代が挑むのは、地球の存続です。途轍《とてつ》もなく大きな課題だけれど、「自分たちが考えているより、危機的状況にあるんですよ」と、成澤さんは切迫感をもって語ります。人間の口に入るものは、地球すなわち自然からしか生まれない。自然が損なわれれば、人間の存在も危ういことを、海・山・野と都市生活者とを結びつける仕事をしているから、伝えられる。成澤さんはそこに自らのミッションを見出したのです。

「人は食べて初めて環境問題を我が事として考える」という成澤さんの言葉の説得力は、料理人が語るからこそ。レストランは「おいしい場所」である以上に、いや、「おいしい場所」であるからこそ、実は大きな役割が果たせるのではないか。そう思うのです。

第４章
日本人が拓く外食の可能性

世界で戦う武器は「味覚」

東日本大震災の直後、パリ在住ジャーナリストの伊藤文さんから「今回の震災に関して、フランスのレストラン関係者はとても心を痛めている」と熱を帯びた口調で語られました。そんな彼らの思いを形にしたいと、彼女はフランス・ガストロノミー界を代表するシェフや関係者に声をかけて、チャリティディナーを企画。震災から1カ月も経たない2011年4月4日に、実現させたのでした。そのとき、会場となったパリの名ビストロ「ポール・ベール」のオーナーは、次のように語ったそうです。

「フランスのガストロノミーは、日本人によって支えられている。店のエスプリを伝えてくれるジャーナリスト、訪れてくれるツーリスト、そして、いまや、あちらこちらの店には、日本人の料理人、パティシエ、サービスマンが働いている。さらに、日本の素材や芸術がフランス料理に及ぼしている影響ははかり知れない」。

フランスでの経験を土台として活躍するシェフたちを取材してきた身としては、この言葉が本当にうれしく、心に響きました。

パリの日本人ジャーナリストは口を揃《そろ》えて言います。「フランスのレストラン界から日本人が消えたら、フランスは困るだろう」。実際、パリのレストランを訪れると、厨房《ちゅうぼう》、フロア、いずれにおいても主要なポジションに日本人が就《つ》いているケースが少なくありません。向学心が強く、勤勉で、器用な日本人は、料理人としてもソムリエとしても有能なのでしょう。

2010年に訪れたセーヌ左岸サン・ミッシェルの二ツ星「ルレ・ルイ・トレーズ」では、日本人がシェフ・ソムリエを務めていました。自然派ワインにも最新事情にも詳しい彼の説明にいたく感心していると、常連とおぼしき品の良いフランス人夫婦がわざわざ私たちのテーブルまで来て、「彼はすばらしいソムリエだよ」とほめ称《たた》えて帰っていったのが印象的でした。

日本人がフランスのレストラン界で活躍する背景には、「向学心が強く、勤勉で、器用」といった理由の他に、「味覚」という要因も大きいのではないかと思っています。料理同様、味覚も環境要因（何を食べて育ったかなど）によって形成される部分があるでしょうから、一概に民族による優劣を語れないものの、日本人の味覚が「繊細」で「鋭敏」、それゆえ「正確」な調理・調味をするとの見方に異を唱える人はいないでしょう。

「UMAMI」が日本人の味覚を磨いた!?

やはりパリのジャーナリストから聞いた話ですが、「鯛《たい》の刺身の味はフランス人には分かりにくい」。英語で言うところの「chewy（くにょくにょしている）」なだけで、味がない」と受け止められるのだとか。ちょっと驚きでした。日本人にしてみたら洗練の極みとも言える鯛の刺身が、フランス人からすると「味がない」とは……。でも、考えてみれば、第2章の蕎麦《そば》の話と相通ずるものなのでしょう。白身魚の淡くてはかなくて、雑味がなくクリアな味わいを感じ取るのは、意外に難しいのかもしれません。

日本人の味覚が繊細である要因として、私は「旨味《うまみ》」の存在が関係あるのではないかと見ています。「旨味」があったから、日本人の味覚が繊細になったのではないか、と思うのです。味の構成要素を、日本では「五味《ごみ》」、西洋では「四味《よみ》」として認識します。日本は「甘味、酸味、苦味、塩味、旨味」ですが、西洋ではこれらの中の旨味を抜いた認識なのです。日本で「旨味」と位置づけられる成分が西洋の食材や料理にも存在するのは変わりませんから、「旨味」という概念があるかないかの違いですね。

近年、日本料理の考え方や技法が海外で紹介される機会が増えて、少しずつ「UMAMI」の認識が広まりつつあります。料理の味わいの鍵を握る要素として「UMAMI」を重要視するシェフも登場しています。と共に、昆布だしや鰹《かつお》だしを常備するシェフが出始めました。パリの三ツ星「アストランス」のパスカル・バルボはその代表です。

『料理通信』2012年5月号の取材時には、彼は昆布を多用した料理を作ってみせてくれました。生牡蠣《なまがき》、ラングスティーヌ（手長海老）と、昆布バター、昆布のブレゼ（蒸し煮）、牛乳でアンフュゼ（素材の味を液体に移す）した昆布の泡で構成する料理です。バルボは北海道の昆布生産者を訪ねて、昆布について学ぶと同時に、だしの引き方、だしを引いた後の活用法まで教わったそうです。

彼らが「UMAMI」に着目するのは、絶え間なく進行するヘルシー志向と無関係ではないでしょう。旨味の存在を意識することで、バターや生クリームやフォン・ド・

ヴォーといった脂肪分の高いコク出し材料に頼らずとも満足感のある味作りが可能になることに気づいたのではないか、と思うのです。だしの旨味を活《い》かせば、日本料理のお椀のように、脂肪分は極めて低くとも、味わいが充実したひと皿を作れるということですね。

脂肪分は、「カロリーが高い」という点で回避される傾向にありますが、「他の味をマスキング（覆い隠す）する」という味覚的な理由で回避するシェフもいます。パティシエの取材をしていて、「バターや生クリームを多用すると、乳脂肪分がフルーツのヴィヴィッドな味わいをマスキングするから、控えるようになった」という声を聞くことが増えました。この数年、料理界もスイーツ界も世界的に素材尊重の傾向にあり、取材時には必ずと言ってよいほど、「素材の味を引き出す」「素材の味を際立たせる」という言葉が聞かれます。当然、素材の味わいをマスキングする可能性のある要因は外していこうとしますから、脂肪分の使用率は味の上でも減ってくるわけです。

以前、パリのレストラン事情に詳しいシェフに醤油《しょうゆ》の普及度合いを尋ねたとき、「パリの星付きレストランの厨房で、醤油を置いていないところのほうが少ないのではないか」と言われました。日本人のように醤油で味付けするというより、隠し味に使うそうです。醤油が隠し味になるくらい、フランス料理の調味もライト化しているのかと驚きましたが。2010年にブルゴーニュを訪れたときには、ごくごく小さな町（観光地ではありません）のレストランのメニューにキッコーマンで調味した牛肉のステーキ（テリヤキではなく普通の醤油）が載っていて、ここまで普及しているのかと、これまた驚きでした。

醤油や昆布だしの普及を、世界的なすしブームや、抹茶、わさび、柚子《ゆず》といった日本食材ブームの延長上に見ないほうがいいのかもしれません。〝油脂分に頼らない旨味としての活用〟という側面にも目を向ける必要がありそうです。

日本人の味覚レベルを例証するマス商品

日本には、だしや醤油をベースとした、油脂に頼らないおいしさの体系が伝統的にあって、その中で磨かれた味覚は、繊細な味わいをキャッチする——その鋭敏な味覚は、日本人が海外のレストランシーンで活躍するうえでの武器として機能していることは間違いありません。『週刊東洋経済』の2012年4月14日号「10年後日本人が食える仕事」という特集の「おもてなし精神を武器に」の項目で料理人が挙げられていましたが、「おもてなし精神」のみならず「味覚」も挙げたいところです。

東京は世界で一番ミシュランの星の数が多い都市と言われます。厳密な比較ができない以上、鵜《う》呑《の》みにするわけにはいかないという気持ちがある反面、海外出張の多い知り合いから「東京はおいしいよ。だって、まずい店がないでしょ」と言われて、「そうなんだ」と思う自分もいます。この指摘はものすごく大雑把《おおざっぱ》な言い方だけれど、案外、的《まと》を射《い》ているのかもしれないと思うのです。

その根拠は、日本における低価格帯商品のレベルの高さです。それを痛感するのが、チョコレート。21世紀に入ってから、日本のチョコレート市場では海外ブランドの上陸と撤退が繰り返されました。毎年1月には「サロン・デュ・ショコラ」の日本版が伊勢丹新宿店で開かれ、億単位の売り上げを記録する一方で、リシャール、ボナ、クリスチャン・コンスタンといったフランスの著名ブランドが店を閉じています。

日本人は、バレンタインに熱狂するほど通年でもチョコを食べるわけではありません。海外のチョコレート関係者がしばしば見誤るのはそこですね。百貨店のバレンタイン催事に出展して、途轍《とてつ》もなく売れて、「日本はエルドラドだ」と勘違いする。「東京に出店しようと思うのだけれど、意見を聞かせてほしい」と相談を持ちかけられ、「おやめなさい」と申し上げたことが何度あることか……。売れるのはバレンタインのときだけですよ。

ブランドチョコがバレンタイン時に売れるほどには通年で売れない理由のひとつが、日本のチョコレートメーカーの技術の高さにあると私は思っています。ボンボン・ショコラひと粒の3分の1の値段で買えるメーカー製の板チョコが、十分においしいのが日本なのです。おまけに毎月のように新作が売り場に並ぶ。申し訳ないけれど、高級チョコを必要としない環境が日本にはあると言える。

私が好きな食べ物を選べと言われたら、白米、ワイン、チーズ、和菓子、そしてボンボン・ショコラを挙げます。板チョコじゃだめ。ボンボンでなきゃ。私へのプレゼントは「ジャン＝ポール・エヴァン」か「ラ・メゾン・デュ・ショコラ」のボンボン大箱にしてって、公言してはばからない。それでも断言できます。コンビニで100円で買える日本の板チョコはおいしいって。こういうマス商品のレベルの高さこそ、日本人の味覚レベルを証明するもの、と私は思うのです。

食材が繊細だと、味覚も調理も繊細になる

フランスで活躍するシェフ、松嶋啓介さんから先日聞いた話も、日本人の味覚の繊細さ、鋭敏さを裏付けるものでした。ただし、松嶋さんらしく、フランス側から、一見ネガティブな側面からの指摘で、そこがまた面白いのですが。

松嶋さんが引き合いに出したのはフランス・サヴォワ地方の話でした。「気候風土が日本の山梨や長野に似てるんです」と松嶋さん。アルプスが後ろにそびえる渓谷と湖のエリアで、産物は淡水魚やじゃがいも、とうもろこし、きのこ、チーズ、等々。「ワインがまた日本ワインのように、軽快で清涼感があって、可愛らしいタイプなんですね」。驚いたのが、サヴォワ地方の料理人の調理技術だそうです。「素材に対して、実

に繊細なアプローチをするんです。淡水魚なんて淡白ですからね、パワーで押し切るような調理はしない。そこがまた日本と相通ずるものがあるんですよ」。

海外での修業経験のあるシェフたちはよく「日本の食材は水っぽい」と言います。四方を海に囲まれ、川も多く、湿度も高い、つまり水が潤沢にある日本の風土ゆえの特徴なのでしょうが、その分、「日本の食材は味が薄い」と指摘する声もある。しかし、一見インパクトに欠ける食材から味わいをどう引き出していくかという知恵や技、センスが自ずと養われている部分がある、というのが松嶋さんの見方ですね。

私もそう思います。切り方次第で味が変わる、切ることが調理のすべてという刺身の考え方などは、日本ならではでしょう。細胞を壊さないように鋭く滑《なめ》らかに断ち切り、なおかつ、口の中で味がしっかり感じられる厚みや幅に切る。日本で片刃の包丁が発達した（西洋は両刃）のも、切れ味が料理の味を左右すると考えるから。日本では食材が繊細だからこそ、調理法も繊細になり、味覚も繊細になる、という関係が成立しているように思えてなりません。

とはいえ、ちょっぴり心配もあります。昨今のトロ人気です。江戸時代、鮪《まぐろ》のトロが「猫またぎ」と呼ばれた話は有名です。脂のたっぷりのったトロのような身質は敬遠されていたということですね。それがいまや、鮪に限らず、鮭《さけ》もトロなら豚もトロ、何でもトロ。〝トロ＝ご馳走《ちそう》〟という図式が成立しています。

「なんでもトロ化」は、日本人の味覚が西洋化してきた一例ではないのか、と思うと心配です。そう簡単に日本人の味覚特性が失われるとは思わないものの、脂肪系のコクが底支えするおいしさへの傾倒はちょっと恐怖ではあります。

凝縮ではなく増幅によるおいしさ

微細な味わいをキャッチする日本人の味覚は、いわば「センサー」なのでしょう。「センサー」であると認識し、「センサー」的機能を強化することが世界との競争力を高める近道――「HAJIME」の米田肇《はじめ》シェフを取材していたときの次のような言葉は印象的でした。

「内在する〝情報〟の存在に気づいて、それを引き出せるかどうかだと思うのです。

それは土壌の性質を活かして栽培する野菜づくりやワイン用のぶどう栽培でもそうでしょうし、僕たち料理人が食材に内在する性質を見出して、どのくらい調理で引き出せるかも、同じです。火の入れ方ひとつで、まったく異なる味わいが出現するのですから」。

優れた作り手になるには、優れたセンサーがなければならない——で、センサーが鋭敏に反応するようになると、第2章の後半で語った新世代の火入れのような状況が生まれてくる、ということでしょうか。

新世代の料理に過剰なコクはありません。もうここ10年来、ソースが絶滅危惧種的存在になっている実態はしばしば語られるところですが、完全消滅はしないものの、少しずつ少しずつ皿の上に占めるソースの面積が小さくなっていることは否定しようもありません。料理写真を撮っていて、最近は白地が多くて絵になりにくいと嘆くカメラマンもいる。食材とコンディマン（調味料）を点々と配する構成が多く、ハーブやスパイスを多用するから、味の要素も多様だけれど、旨味の強度と量は以前からはぐっと抑えられています。

「レフェルヴェソンス」生江史伸《なまえしのぶ》シェフの取材の最中、新世代の料理を象徴するような言葉が発せられました。「増幅」です。「凝縮」ではなく「増幅」。フランス料理であれ、フランス菓子であれ、従来の取材で頻繁《ひんぱん》に使われてきたのが「凝縮」でした。〝おいしさは凝縮から生まれる〟という暗黙の了解があるんじゃないかというくらい、凝縮します。レシピを書いていると、ひとつの料理の中で何度「煮詰める」という動詞を使うことか。ソースは凝縮の最たるものですし、煮込みも凝縮、コンフィチュール（ジャム）も凝縮です。

生江さんが「増幅」という言葉を使ったとき、「そうだよ、それだよ」、はたと膝《ひざ》を打ちました。おいしさを倍加させようと思ったときに、凝縮させるのではなく増幅させるのです。ソースをひたひたと流すのではなく、主素材の味や香りと同調する、あるいはそれに対しコントラストを描くハーブやスパイス、フレーバーオイルを使うことで感じ方を強化する。つまり、音量を上げるのではなく、共鳴や反響を効果的に使うことで、味覚に対するインパクトをアップさせるわけです。物理的なパワーで舌を圧倒するのではなく、五感にタッチすることで心を満たす、と言えばよいでしょうか。

新世代の料理を食べ始めたとき、前にも書いたように「おいしいのかどうか分からない」という感情を抱きました。しかし、食べ続けるうちに明らかになったこと、確信を持って言えることがある。それは「心地よい」ということです。

アンチ・ボリューミーへと向かうワイン

新世代のシェフによる料理の変化と歩調を合わせるかのように、じわじわと変化しているのがワインです。彼らの料理に過剰な旨味はなく、音量ではなく共鳴や反響を効《き》かせると書きましたが、ワインもまたアンチ・ボリューミー、軽快な音質へと向かっています。

話題にのぼり始めたのは今から5年ほど前でしょうか。同世代の同業者と「赤より白を飲むようになった」「あれだけ好きだったシャルドネが苦手になってきた」という会話を交わすようになりました。そんなとき、「アメリカでは『ＡＢＣ』って言われている」とワインジャーナリストの鹿取《かとり》みゆきさんから聞きました。ＡＢＣとは

「Anything But Chardonnay」、つまり「シャルドネ以外の何かにしてね」という意味です。シャルドネは白ワインの中でも最高峰の品種ですが、ふくよかでコクがあって、南の地域で穫れるとトロピカルなニュアンスもあってグラマラスです。それが、だんだんヘビーに感じられるようになってきた。日本でも他国でも同時にそう受け止められるようになっていたというのは、もう、時代の嗜好《しこう》なのでしょう。

シャルドネに限った話ではありません。赤も白も、南の太陽を燦々《さんさん》と浴びて育ったぶどうで造る濃くて押し出しの強いワインよりも、アルザスやドイツ、オーストリアといった一歩引いた味わいの奥ゆかしいワインが求められるようになってきています。その背景には、温暖化による優良産地の北上といった造り手サイドの変化もあります。いわゆる冷涼ワインの台頭です。

ぶどう本来の性質は、日照時間が長く、雨が少なく、寒暖差が大きくて、水はけがよい、暑くて乾いた風土に向いています。そういう土地では、太陽をたくさん浴びて、実がよく熟して、味わいも色も濃厚になります。しかし、日射が穏やかでデリケートなエリアでは、味わいも穏やかでデリケートになる。フランスワインでいえば、前者がボルドーなら、後者がブルゴーニュですね。

どちらかと言えば、南のほうが放っておいても豊潤なぶどうが穫れるという意味で本来的な産地と言えます。それが、地球温暖化によって好適地が上昇してきた。アルザスやオーストリアがいっそう注目を集める環境が整ってきた。おまけに人々の嗜好が、南のワインより北のワインへと移行しているという、二重のシフト。

冷涼地域の代表とも言えるのがアルザス、ドイツ、オーストリアなわけですが、くわえて、この辺りはビオ（ビオロジック。無農薬有機農法）が進んでいるエリアでもあります。世界のワイン動向の最前線のひとつなんですね。どうも最近、世界のワインのトレンドを引っ張っているキーワードは「北」であり「繊細」である、という事実は否定しようもありません。

世界のガストロノミーが油脂に頼らない方向へ向かい、求められるワインも北上している。となると、ボルドーが君臨してきた価値体系に変化が起こるかもしれないよね、という話を同業者と交わすことも少なくありません。ワイン単体の価値としては揺るがないだろうけれど、料理とのマリアージュという意味においては別のエリアが優位に立つ可能性も高いと。

赤ワインの役割のひとつとして言われるのが、「赤ワイン特有の酸味や渋味が肉の脂を切ってくれる」ということ（もちろん他にもマリアージュの根拠やポイントはありますが）。しかし、凝縮感たっぷりでタンニンもたっぷり、色素も味も濃いワインを合わせるには最近の料理は軽すぎます。南のワインを合わせるのが難しくなっているよね、という話になるのです。

要するに、人々の嗜好的にも料理とのマリアージュ的にも、昨今のワインのトレンドはアンチ・ボリューミーであるわけですが、となると、もうひとつ気になるのが日本ワインの行方です。ならば、日本ワインが世界に食い込む余地あり!?という期待を抱いてしまうのですね。

日本ワインの新キーワードは「だし」

ワインは環境が造ると同時に、人の味覚が造るものであると、改めて認識させられたのはごく最近、『料理通信』2012年11月号で日本ワインを特集していてのことです。日本ワインに精通するレストランやバルの店主が、ワインの味わいの表現として、やたら「だし」という言葉を使うことに気づきました。「『だし』って、何を指して言っているんですか?」と問うと、「味が出てるってことかな」と答えます。

ホームページで「ダシ感」という言葉を掲げる日本ワインの造り手もいます。新潟県の「ドメーヌ・ショオ」。2011年9月にオープンしたばかりの蔵《くら》で、小林英雄さんという若き造り手です。そのウェブサイトに記載されている彼の言葉によれば、「香りは優しく気持ちよく、味については『ダシ感』を大切にしています。植物、果実の持つ旨味(タンニンやアミノ酸)、それをダシ(出汁)と表現しています」とのこと。

ワインにもアミノ酸が多く含まれ、旨味があることに間違いはありません。しかし、旨味の概念のない西洋では当然、ワインを「UMAMI」で語ることはありませんでした。アミノ酸としての認識はあったでしょうけれど。それを「旨味」のみならず「だし」という表現にまで進めたのは日本人ならではとしか言いようがありません。

ワインの味わいを表現する言語が数知れず存在することはみなさんもご存じの通

り。ソムリエという職業が脚光を浴び始めたとき、「白い花のような」「なめし革のような」「セルロイドの人形のような」……いろんな言葉で表現されることが人々の興味をそそりました。けれど、さすがに「だし」はなかったのではないでしょうか。

これは日本にワインが浸透したことによって、私たちが自分たちの感覚でワインを語り始めた証《あかし》と言えるでしょう。日本人ならではのワイン言語が生まれている最中なのかもしれません。それを推し進めているのは、紛れもなく、旨味が磨いた日本人の味覚なのですね。

日本ワインがまた、「だし」で語りたくなるタイプなんです。概して色は薄く、味わいの厚み、ボリュームは乏しい。ただ、旨味に欠けるわけではなく、むしろ、すくい上げようとすると繊細さがキラリと光る。ゴブラン織りじゃなくて、シルクのサテンやオーガンジー。まさに懐石料理のお椀のようなワイン——と考えてみると、なるほど「だし」という表現はぴったりですね。

日本の気候風土で、日本人の味覚で、日本人の言語で造る日本ワインの姿が見えてきたことは、これからの日本ワインの発展を感じさせて余りある——と言わせてください。

食材と製法が作り手の意識を形成する

料理人、パティシエ、ブーランジェ、三つのタイプの職人たちとの付き合いを重ねていると、それぞれの意識の違いが見えてきます。「作る」意識が一番強いのがパティシエです。粉や砂糖といった形のない素材から自分が考えた形のお菓子を作るという仕事の性質上、そうなるのでしょう。料理人は「活かす」意識。個体差の大きい食材一つひとつに合わせて、その分量や配合に関して臨機応変に対応していくからですね。『料理通信』でもよくレストランのシェフのレシピを掲載しますが、彼らはきっちりあの分量で作っているわけではありません。常に目分量と手分量と舌分量です。昔はよく言われたものです。「この玉ねぎ、何グラムですか?」「そんなの分からないよ、いちいち測らないから」。だから、彼らが調理する横に張り付いて、「今入れたオリーブオイル、大さじ1ですね」「そのエシャロットのみじん切り、小さじ2くらい?」

などと私たちがレシピ化していくケースが少なくないんです。

料理人は目分量と手分量と舌分量の能力が発達している分、一つひとつの素材を見て、触って、質の違いを感じ取って、食材や調味料の分量、加熱時間などを直感的に調整していく能力が高い。肉焼きの温度と時間の話をしましたが、あれだって、焼き上がりのタイミングを決めるのはシェフの手や皮膚《ひふ》感覚です。どのくらい火が入ったか、弾力や温度を感じ取って決めるのです。

そして最後に、ブーランジェは「環境づくり」の意識が高い。「自分にできるのはパンのための環境を整えること。発酵という自然の力にできを委ねざるを得ないから、より良く発酵する環境づくりが自分の仕事」と。そのせいでしょうか、ブーランジェは性格的に一歩引いた印象があって、概して穏やか。料理人が〝動〟とすれば、ブーランジェは〝静〟です。

私はブーランジェの「自分にできるのは環境を整えてあげることだけ」という考え方が大好きです。委ねなければならないからこそ、彼らは自分の手でできる部分は、突き詰めて、徹底的にコントロールします。粉や酵母《こうぼ》の配合や加水もそうですし、ストレスがかからないように休ませつつ、温度にも気を配って、ご機嫌伺いしながらの生地作りは、まさに子育てのよう。

敬愛するブーランジェ、神戸「ドンク」の仁瓶《にへい》利夫さんは、「緊張と弛緩《しかん》の繰り返し」という言い方をします。ミキシングで緊張、発酵で弛緩、パンチで緊張、ベンチタイム（生地を休ませること）で弛緩、分割で緊張、ホイロ（発酵のための保温器）で弛緩……。まさにアメとムチです。それでも窯《かま》から出てくるまで、発酵が上手くいったかどうかは分からない……それがパン作りというもの。ブーランジェが自分の仕事を〝クリエイション〟というより、〝アシスト〟と思うのも無理からぬことなのかもしれません。

食の仕事は自然に拠って立つ

ワインもパンもそうですが、自然に拠って立つ以上、好き勝手なことができないのが食の仕事です。どこまでいっても自然に従わざるを得ない。ぶどうの樹は土に植えるものだし、実のなる季節も決まっている。天候が悪ければできが悪いし、収穫前日にいきなり雹《ひょう》が降って全滅することだってある。人間にできることには限りがあると、否応なく思い知らされるのが食の仕事。驕《おご》り高ぶることが許されない仕事です。

ネット化の進行と共に、社会にも個人の頭の中にもバーチャルな領域が増えてきたような気がします。現代のコンピュータ技術をもってすれば、できないことなどないのではないか、という気もしますし、その恩恵に与《あずか》っていることは間違いない。けれど、その一方で、だからこそ食の仕事をしていてよかったと思うのです。

ワインの世界でビオロジックが進行するのは、かつて作業効率を優先させたがために農薬で畑を荒らした経験の反省もあります。人間の都合で畑を支配下に置こうとして、自然を痛めつけてしまった。その結果、作物の質の低下という形で、自然はしっぺ返しをしてきました。

パンも同様です。20世紀半ば、フランスでは発酵時間を短縮するために、イーストを大量に使って短時間でバンバン膨《ふく》らませたパンが出回った時期があります。職人の技術は低下し、何よりパンがまずくなった。結局、20世紀末、フランスで「バゲット・アンシエンヌ（昔風バゲット）」と呼ばれるバゲット——天然酵母を使ったり、長時間発酵させるなど、昔の製法で作るバゲット――が登場してくるのです。人間は自然の営みに敵《かな》わないことを知り、自然の営みへと帰っていく。そんな光景を何度繰り返してきたことでしょう。

自分たちの仕事が自然に拠って立っているとの意識は、大手食品メーカーも変わりません。私は「辻静雄《つじしずお》食文化賞」の選考のお手伝いをしていますが、同じ立場で関わるサントリーの山田健さんという方がいます。ミーティングの際に、山田さんの仕事の中身を聞いて、少なからず驚きました。森の調査・研究をしていると言うんですね。「カシナガが繁殖して、日本の森は危機に瀕《ひん》しているよ」なんてことをさらりとおっしゃる。私などにしてみると、サントリーの一社員（失礼！）がなんで国家レベルの実態を把握しているんだ、と思ってしまうわけですが、言われてみればなるほどなのです。

サントリーの商品の多くは地下水に負っている。質の良い地下水を確保できるかどうかが、企業としての生命線になる。とすれば、地下水の現状だけ見ていてもだめだ。「どこに降った雨が、どういうルートを通り、どのくらいの歳月をかけて工場の地下までたどりついているのかを知り、そこでのリスクを回避すること」が大事と、山田さんは考えた。

自ら企画書を書いて立ち上げたのが、「天然水の森」活動。具体的には、その道のプロを巻き込んでの生物調査や森林整備ですが、詳しくは山田さんの著書『水を守りに、森へ』（筑摩選書、2012年）をお読みください。2003年7月、サントリー九州熊本工場の水源涵養《かんよう》エリアで始まった取り組みは、現在13都府県17カ所、総面積7500ヘクタールにまで広がっているそうです。

優れた食の技術者に光を当てる

ちなみに「辻静雄食文化賞」とは、より良い食を目指して目覚ましい活躍をし、新しい世界を築き上げた作品や人物、活動に贈られる賞で、2010年に辻調《つじちょう》グループ創立50周年記念事業として創設されました。①人文・社会科学、②自然科学、③文芸・エンターテイメント、④家庭料理、⑤外食産業・食品産業、⑥食に関わる社会的活動、

⑦生産者部門の7つのジャンルから中間選考委員がノミネートし、最終選考委員が受賞者を選ぶという流れで進みます。第3回の2012年からは特別賞として専門技術者賞が設けられましたが、実はこれ、第2回までは「専門技術者部門」として、他のジャンルと並列でした。

それがなぜ、特別賞という形になったのか？　その理由としては「審査しにくい」のひと言に尽きるかと思います。料理人、パティシエ、ブーランジェなど、候補は挙がるのですが、選考委員が揃って食べているケースがまずない。たとえ、大半の選考委員が食べていたとして、個人の好みを超えて判断ができるのかという逡巡《しゅんじゅん》が付きまとう。食文化賞ですから、判断基準は「おいしい、まずい」ではなく、社会的・文化的貢献や技術革新に主眼が置かれるものの、「まずくては仕方がないよね」との意見もある。というわけで、結局は書籍のような、選考委員全員が同時に比較検討しやすい作品が選ばれがちで、技術者の浮上が難しかったのです。

しかし、辻静雄の名前を冠した賞として、それでよいのだろうか、という疑問も残りました。辻静雄と言えば、料理を歴史・文化の流れの中で捉えた研究者である一方、料理人やパティシエといった技術者を数知れぬほど社会に送り出した教育者です。教育者の側面が浮き彫りになるほうが賞としての個性が出るのではないか、との見方もあったのですね。

このような経緯から、専門技術者賞を新設したわけですが、その議論の際、「設けるべき」という気持ちへ私を強く動かしたのは、バル・ブームという東京の外食マーケット事情です。

バルという業態は、食べに行く側、店を出す側、両者にとって無駄がなくて実質的で、いろんな意味でリーズナブル、今という時代に適合したスタイルと言えます。ただし、「専門技術」という観点から見れば、やや心許《こころもと》ない部分もある。異業種からの転職組が多いあたりは不安要因です。飲食店のバル化が進めば、ミシュランの星を目指すような料理人の受け皿は減るでしょう。レストランでなければ出せない料理で勝負したい料理人は海外流出するに違いありません。それはまずいんじゃないか？　専門技術の価値が認められる環境を醸成する意味でも、専門技術者への表彰制度はあったほうがよいのではないか？と思ったわけです。

というわけで、制定された「専門技術者賞」の第1回の受賞者は、東京・牛込神楽《うしごめかぐら》坂《ざか》にあるフランス料理店「ル・マンジュ・トゥー」の谷昇《たにのぼる》シェフ。選考基準を決めるための議論を重ね、選考委員が共通認識を持ったうえで、候補を挙げてはいろんな角度からの採点を繰り返した結果の人選でした。

食に対する批評を食で表現する

「ル・マンジュ・トゥー」は極小レストランです。私などはその小ささが愛しくて「四畳半レストラン」と呼んでいたこともあるくらい。〝サイズはバル、料理はガストロノミー〟、最も今的な店かもしれません。オーナーシェフの谷昇さんは、私にとって、分からないことがあると電話をかけて教えてもらう先生のような存在で、10年以上にわたって、折に触れて、料理人とはいかなるものか、フランス料理とはいかなるものかを教えていただきました。

2年ほど前、久しぶりに食べに行ったときのこと。メイン料理として「コック・オ・

ヴァン」（鴨の赤ワイン煮）が出てきたんですね。「こりゃまた、古い料理が出てきたわ」と思っていたら、「君島さんのために作ったんですよ。最近、『料理通信』が取り上げるのって、修業しないでも出せる店ばっかりだから」とひと言。「コック・オ・ヴァンも作れない料理人を取り上げて」というお叱《しか》りだったのでしょうね。これは堪《こた》えました。

このときに限りません。私がガストロノミー新世代のシェフたちを取材していた時期は、何かしら、彼らに対するアンチテーゼとしての料理が出されるのです。誌面の文中で使った「繊細な火入れ」という言葉に反応して、漫画『ギャートルズ』に出てくるような巨大な肉塊を、谷さんいわく「粗野な火入れ」（いわゆる伝統的なロースト法）で出したり、流行の「土」料理（カットせずに調理した野菜に土を模した素材をまぶして、掘りたての野菜風プレゼンテーションで供する料理）を出したり。

若者の料理に触発されて「いっちょ、やったるか」と発奮する遊び心もあるのでしょうし、それがひょいとできてしまう技術もある。谷さんの場合、そんな料理は一度出して終わりですから、分かる客にだけ出してみせる谷さんならではの批評精神の表現なのでしょう。新世代を否定はしない、けれど、何かしら言いたいことがあるのだろうな、という気持ちが垣間見える。そういったことを皿で表現し、食べ手と皿で会話するゆとりにまた驚くのです。

小さくて強い店だからこそ面白い

「ル・マンジュ・トゥー」を初めて取材したのは1999年。「小さな店の凄いシェフたち」という特集のための店探しの最中に出会ったのがきっかけでした。「フランスの星付き『グランメゾン』で修業を積んだ料理人たちが、20坪以下という小さい店で、お手頃価格の料理を提供している。店はプティ（小さく）、価格はお手頃、そこには星付きの技術が詰まっている。はっきり言ってお値打ちです！　それが日本のレストランというものなんです」というメッセージを込めた特集でした。

「ル・マンジュ・トゥー」はすでに下見の時点で違っていました。黄色いモルタル壁の空間に足を踏み入れると、なるほど小さい。建物は古そうだけど、磨き上げられているのが分かる。この特集で下見したのはビストロが多かったのですが、「ル・マンジュ・トゥー」は、ビストロ価格なのに、ビストロ料理ではありませんでした。今でも忘れません、初めて食べた谷さんの料理は、真鯛のポワレとフォワグラのテリーヌ。真鯛の火入れはどのフレンチで食べた魚より的確で、フォワグラの舌触りはそれまで感じたことのない滑らかさだったのです。

数日後、取材依頼の電話を入れて、谷さんの声を聞いた途端に「この人は何かが違う」、そう感じたのを昨日のことのように思い出します。声の張り、ゆるぎないしゃべり方、常識的で腰の低い（！）受け答え。伺うべき時間を問うと「アイドルタイムなら何時でもけっこうです。ずっといますから」の「ずっといます」の言葉に、背筋が伸びる思いでした。なるほど、これは「ずっといます」だよね、だってほとんど住んでるんだもの、という実態を知るのは取材後なのですが。

飛行機のコックピットのように細分化されて食材が仕込まれた冷蔵庫、昇降機（当時は、1階がフロア、2階が厨房のため、昇降機で料理や皿の上げ下げをしていました）の隙間をも活用した収納など、面白がりどころが満載で、「店って、面白い！」と叫んでしまう。谷さんは『料理通信』の「『小さくて強い店』は、どう作る？」という大特集が嫌い（一人前の料理人になることより、一国一城の主になることを主体に考える生き方が生ぬるく感じるのでしょう）だそうですが、「ル・マンジュ・トゥー」こそ、小さくて強い店です。

昇降機を活用しているレストランは今もあるでしょうし、２００６年の完全建て替えリニューアル後の「ル・マンジュ・トゥー」でもそれは活躍中です。ただ、当時の昇降機は、渋谷のラーメン屋「喜楽」の改装前の昇降機を思い出させる雰囲気を漂わせていたのです。小さいながらもレストランの空気漂う中に昇降機が行ったり来たりするのは、人に語りたくなる面白みに溢《あふ》れ、その一方で、低価格でも材料の質を落とさないための倹約――たとえば、ラップは使い捨てにせず、きれいに洗って、何度でも使う――といったやりくり話にもぐいぐい心を惹《ひ》きつけられていったのでした。

バルとガストロノミーが近づく？

「四畳半レストラン」なのか「茶室レストラン」なのか、呼び方はいずれにせよ、「ル・マンジュ・トゥー」には日本ならではのレストランのありようがあると思うのです。そのありようが脈々と受け継がれていると感じるのは、新世代ガストロノミーの厨房です。

彼らの温度意識には驚かされましたが、調理機器の多用ぶりも新鮮でした。たとえば、神戸「カ・セント」では、プランチャ(鉄板)、備長炭、ガス4口、オーブン、真空調理用の湯煎器、蒸し器、サラマンダー。東京・白金高輪「アルシミスト」では、スチームコンベクションオーブン、ガス1口、IH2口、プランチャ、サラマンダー、電子レンジ、パコジェット(冷凍粉砕調理器)、真空パックマシン、といった具合。フライパンで表面を焼き固めたらオーブンへ入れて完結、といったひと昔前の調理法とは明らかに違う光景がまぶたに浮かぶかと思います。

「カ・セント」も「アルシミスト」も小さな店です。厨房スタッフの数も極少です。皿数の多いモダン・ガストロノミーを少数精鋭でまかなうための機器ラインナップという側面があるに違いありません。何よりコクや旨味を過剰に求めない新世代の料理は、過剰な空間も必要ない。その分、食べ手と作り手とが近い距離感の中で、素材の一番いい部位を、一番いい瞬間に口へと運べる、そのことのほうが大事。さしずめ、ガストロノミーの板前割烹《いたまえかっぽう》ですね。

『料理通信』2012年5月号の第二特集「〝新・ガストロノミー〟へようこそ。」の取材中、ふと、思ったものです。小さなガストロノミー・レストランの調理機器活用術はバルでも使えるんじゃないか、と。対極にあると思っていたバルとガストロノミーが思いがけずも近づいた瞬間でした。

料理の評価は「皿の上のみ」になる

サイズはバル、料理はガストロノミー。バルは極端でしょうが、「店はプティでも、料理は星付き」はいまや世界的な傾向です。パリの「アストランス」が三ツ星を獲得したとき、ミシュランの評価基準が変わったと言われました。以前は、サービス体制や設備や内装も評価対象だったのが「皿の上のみ」になった、と。

「アストランス」は、現代フランス料理界をリードするパスカル・バルボが、アラン・パッサール（レストラン「アルページュ」のシェフ）のもとから独立して開いた店で、オープン直後から、その料理に対する評価が高く、瞬《またた》く間に星を重ねていました。しかし、従来の感覚からすると三ツ星を名乗るにはあまりに小さく（30席弱）、三ツ星は難しいという見方が大半だっただけに、2007年、「アストランス、三ツ星獲得！」のニュースは「ミシュランが変わる！」という言葉と抱き合わせで伝えられたものです。

「皿の上のみ」へと基準が変わった要因のひとつとして囁《ささや》かれたのが、ベルナール・ロワゾーの自殺です。ジョエル・ロブションやアラン・デュカスと並び称される料理人（NHK教育テレビ「未来への教室」で講師を務めたシェフと言えばお分かりになる方も多いのではないでしょうか）だったロワゾーが、2003年2月24日、自室で猟銃自殺を図《はか》りました。フランスでニュースが流れると同時に、パリ在住のジャーナリストが電話で知らせてくれたこともあって、ことさらに衝撃を覚えたのを記憶しています。

自殺の理由は憶測にすぎないものの、「レストランガイドでの低評価を気にして」「ビジネス拡大のための借金を苦にして」などと言われたものです。当時、ミシュランの三ツ星をねらうシェフは、二ツ星まで上ってくると、三つ目の星を獲るため、内装にお金をかけたと言われます。すでに三ツ星の座にあるシェフであれば、星を維持するために改装する。その費用がシェフを経済的かつ精神的に圧迫しているのではないか、といった批判はもとよりあっただけに、ロワゾーの死はガイドブックの評価制度に対して無言の提言となったのでした。

小さいからこそ、大きな世界を表現できる

今の時代、皿の上は、不必要なコクや旨味を排した料理へと変わっているのです。そんな素材重視の簡潔な料理に、ゴージャスで装飾的な内装は似合いません。パリのガストロノミーがコンパクト化していくのも、必然なのかもしれません。そう考えると、「四畳半レストラン」なのか「茶室レストラン」なのか、日本のスタイルは時代の趨勢《すうせい》にぴたりとはまりそうな気がしてならないのです。

ここまで書いてきて、自分に改めて問うてみます。「レストランの楽しみって、何だろう……」。

辻静雄食文化賞の専門技術者賞の是非の議論の際、「レストランはお腹を満たすだけの場所ではない。感覚の喜びを享受する場所でもある。そういう意味ではオペラ鑑

賞と同じ。レストランが減るということは、そういう場が減るということ。だから、レストラン活性化のためにも、専門技術者賞はあったほうがいい」という話になりました。レストランはオペラ鑑賞と同じという見方は必要だけれど、必ずしも大劇場でなくてもいいのかも。オペラではなくて室内楽でもいいのかもしれない。

「皿の上のみ」というミシュランの評価基準の変化は、時代ばかりでなく日本人のメンタリティにも合っているのかもしれません。私の中ではやはり、日本人が目指すべきレストラン像と「茶室」とのイメージが重なるのです。削ぎ落として削ぎ落として、必要最小限の要素に絞り込んだ分、概念としてより大きな世界を表現できるというのが茶室の世界です。俳句もそう。それこそが日本人の得意技。

山頭火《さんとうか》の有名な句に「分け入つても分け入つても青い山」というものがあります。これだけで、読んだ人の頭の中に深い山並みが描かれる。たった15文字です。説明することは規定すること。言葉を尽くそうとすればするほど、意味する内容は特定され、限定され、狭くなっていきます。料理も空間も飾れば飾るほど、表現される世界は小さくなる。装飾がないほうがより普遍的で大きな世界を受け手の側に喚起できるのです。

天目茶碗《てんもくぢゃわん》の中に宇宙を見るように、「ル・マンジュ・トゥー」の小さな白い空間で、皿と向かい合っていると、コック・オ・ヴァンの中にフランスの古典が見えてくる――余計なものが存在しないから、時空を超えられるということが、レストランでも起こり得るはずです。

考えてみれば、世界にこれだけ普及したすしは、削ぎ落とした日本文化の典型でしょう。タネとすし飯の2パーツ構成。ひと口サイズでアイコン化しやすいヴィジュアル。超シンプルで極小なのに、どちらのパーツにも仕事が詰まっています。切る、炊《た》く、締めるといった〝仕事〟に、だしも醤油も旨味もぎっしり。そこで思うのです。「ああ、すしは日本の食文化のメディアだよ」と。

サイズはバル、料理はガストロノミー。それを突き詰めていったとき、今度はレストランとしてのニッポンスタイルが形成され、世界から面白がられ、真似される――そんな気がしてならないのは、私だけでしょうか？

おわりに

ファッションデザイナーの川久保玲の言葉に次のようなものがあります。

「よかったですね、きれいだったですね、と全員から評価を受けたとしますね。それはもう不安です。そんなにわかりやすいものを作ったのか、と自己嫌悪に陥《おちい》ってしまう」(『アンリミテッド：コム デギャルソン』清水早苗、NHK番組制作班編、平凡社、2005年)。

この一文を読んだとき、革新する意志の凄《すさ》まじさに衝撃を受けたものです。

大学卒業後パルコに就職して、80年代のファッション業界を間近に見た私は、川久保玲の仕事に憧《あこが》れました。服飾の既成概念を次々と覆《くつがえ》し、「美しい」という感覚に楔《くさび》を打ち込んでいく創造性に敬意を抱いていました。料理雑誌の編集を手掛けるようになってからは、食の世界の川久保玲を探し続けてきたように思います。

食の世界にも革新者はいます。けれど、「きれいですね」という称賛が自己嫌悪に結びつくように、「おいしいですね」とほめられて自己嫌悪する人はまずいないでしょう。

本文でも書きましたが、食べて初めて存在が確定するのが食べ物です。そこにあるだけでは〝物〟にすぎない。味覚という器官で感知されてようやく〝食べ物〟になる。くわえて、その味覚は、生命を守る危険察知器官でもあるため、異物を排除するようにできています。さらに民族性や生育環境に影響されるなど、きわめてプリミティブ。つまり、味覚はとても保守的なのです。革新するにも限界がある。アンリミテッドではありません。そうそう新しい「おいしい」は生まれないぞ、ということです。

「美しい」と比べると「おいしい」はずっと動物的で、自然の摂理に縛られています。でも、だからこそ、人は奢《おご》ることなく、食の道を誤ることなく進めるのではないか？そんな食の世界で革新する人々の仕事が、私には愛しくてなりません。

大阪「HAJIME」の米田肇《はじめ》シェフが次のように言っていました。「新しい創造をするとき、料理を産み出すときに感じることがあります。それは畏怖《いふ》です。何か見つけてしまったと思うとき、心に湧《わ》きあがるのは単なる喜びではありません」。

困難にして勇気ある革新を続けるシェフのみなさんが分け与えてくださった血肉によって、この本はできています。心からの御礼を申し上げます。

君島佐和子（きみじま・さわこ）

『料理通信』編集長。1962年栃木県生まれ。早稲田大学第一文学部演劇専攻卒。株式会社パルコ、フリーライターを経て、1995年『料理王国』編集部へ。2002年より編集長を務める。2006年6月、国内外の食の最前線の情報を独自の視点で提示するクリエイティブフードマガジン『料理通信』を創刊。「Eating with Creativity ～創造的に作り、創造的に食べよう～」をキャッチフレーズに、料理人、パティシエ、パン職人といった食の担い手を「クリエイター」、彼らの活動を「クリエイション」と位置付け、彼らの仕事の底流にある考え方に注目しながら、食の世界の魅力を発信している。辻静雄食文化賞専門技術者賞選考委員、パン・ド・ロデヴ普及委員会理事などを務める。共著に『東京手みやげ 逸品お菓子』（河出書房新社）。デザイン専門誌『AXIS』（アクシス）でコラムを、ウェブサイト「料理通信サロン」で「ガストロノミー通信」を連載中。

website　[料理通信サロン] http://r-tsushin.com/
twitter　[料理通信] @team_trippa
facebook　[料理通信] http://www.facebook.com/r.tsushin

本書掲載店および著者お気に入り店リストを以下のサイトに掲載中です。
ぜひご活用ください。
http://idea-ink.tumblr.com/tagged/05

idea ink 05

外食 2.0

2012年11月20日　初版第1刷発行

著者：君島佐和子
ブックデザイン：グルーヴィジョンズ
DTP制作：濱井信作（compose）
編集：菅付雅信（菅付事務所）＋綾女欣伸（朝日出版社第五編集部）
編集協力：糸川 歩、白石彩乃、松石 悠、カティア・ウォン（菅付事務所）
杉原環樹（朝日出版社第五編集部）
協力：料理通信社

発行者：原 雅久
発行所：株式会社 朝日出版社
〒101-0065 東京都千代田区西神田3-3-5
tel. 03-3263-3321　fax. 03-5226-9599
http://www.asahipress.com/
印刷・製本：凸版印刷株式会社

ISBN 978-4-255-00688-8 C0095